파고다 오분톡

하루 5분, 무조건 말하는

영어회화

에미고 ㅣ 저

패턴별

PAGODA Books

파고다
오분톡5
영어회화
패턴별

초 판 1쇄 인쇄　2020년　6월　17일
초 판 1쇄 발행　2020년　6월　17일

지 은 이 | 에미 고
펴 낸 이 | 고루다
펴 낸 곳 | Wit&Wisdom 도서출판 위트앤위즈덤
임프린트 | PAGODA Books
책임편집 | 박세미
디자인 총괄 | 손원일, 정현아
마 케 팅 | 도정환, 진부영, 유철민, 김용란, 김대환
출판등록 | 2005년 5월 27일 제 300-2005-90호
주　　소 | 06614 서울특별시 서초구 강남대로 419, 19층(서초동, 파고다타워)
전　　화 | (02) 6940-4070
팩　　스 | (02) 536-0660
홈페이지 | www.pagodabook.com

저작권자 | ⓒ 2020 에미 고

이 책의 저작권은 저자에게 있습니다. 서면에 의한 저작권자와 출판사의 허락 없이
내용의 일부 혹은 전부를 인용 및 복제하거나 발췌하는 것을 금합니다.

Copyright ⓒ 2020 Emmy Go

All rights reserved. No part of this publication may be reproduced, stored
in a retrieval system, or transmitted, in any form, or by any means, electronic,
mechanical, photocopying, recording or otherwise, without the prior written
permission of the copyright holder and the publisher.

ISBN 978-89-6281-846-8 (13740)

도서출판 위트앤위즈덤　www.pagodabook.com
파고다 어학원　　　　　www.pagoda21.com
파고다 인강　　　　　　www.pagodastar.com
테스트 클리닉　　　　　www.testclinic.com

| PAGODA Books는 도서출판 Wit&Wisdom의 성인 어학 전문 임프린트입니다.
낙장 및 파본은 구매처에서 교환해 드립니다.

· 머리말 ·

나에게 주어진 24시간 중 단 5분, 100일간의 노력이 있다면 여러분은 충분히 영어를 즐길 수 있습니다. 그 익숙함과 자신감은 이제 여러분의 차례입니다!

안녕하세요, Emmy입니다. 10년 넘게 현장에서 영어 회화 강의를 해오며, 영어 말하기로 고민하는 다양한 사람을 만나왔죠. 수년간의 영어 공부에도 불구하고 영어 말하기를 떠올리면 숨부터 탁 막힌다며 하소연을 하죠.

왜 그럴까요? 영어로 말하기 전, 모국어로 하고 싶은 말을 먼저 떠올리시나요? 그다음 영어로 번역을 시도해보나 둥둥 떠다니는 영어단어가 가득한 머릿속은 뒤죽박죽 엉켜 어디서부터 말을 해야 할지 호흡이 가빠지고, 결국 포기라는 다소곳한 미소로 마무리해 버리곤 하죠.

영어 말하기를 잘하는 방법, 어떻게 해야 할까요? 간단하고 유용한 영어 기초 뼈대, 100가지 패턴 영어의 틀이 하루 5분 연습과 반복을 통해 내 삶의 일부가 된다면 얼마나 든든할까요?

영어의 시작은 탄탄한 기초 뼈대 공사부터입니다. 실제 원어민이 실생활에서 유용하게 사용하는, 시대에 맞는, 사용 빈도가 높은 문장을 눈이 아닌 입으로 반복해서 자연스럽게 내 입에 익숙하게 만들어야 합니다.

소리 내 반복하는 과정이 나도 모르게 그 문장을 자연스럽게 말할 수 있도록 만들어 줍니다. 자연스러움은 단어의 활용으로 이어지고, 이것이 자신감이 되죠. 이 책의 다양한 패턴으로 나의 기초 뼈대에 살을 붙이는 훈련을 해보세요.

이 책에는 여러분이 이미 알고 있을지도 모르는, 그러나 익숙하지 않고 자신감이 없어 머뭇거렸던 패턴들이 들어 있습니다. 원어민이 매일 쓰는 쉽고 간단한 패턴들을 만나보세요.

오늘부터 시작하는 하루 5분, 100일간의 말하기 훈련. 다양한 패턴이 자연스럽게 익숙해지는 영어 말하기를 Emmy가 도와드리겠습니다. 하고 싶은 말을 영어로 말하는 여러분의 모습은 100일, 100개의 패턴으로 충분히 이루어낼 수 있습니다. 저도 그리고 제 수강생분들도 그렇게 시작 했었거든요. 이제 여러분의 차례입니다.

시작하세요, 항상 여러분의 곁에서 응원합니다.

2020. 6. 저자 에미 고

이 책의 200% 활용법

파고다북스 5분톡
바로가기

저자 직강 데일리 음성 강의

파고다 베테랑 영어회화 강사의 음성 강의!

교재 내용을 보다 확실하게 이해시켜 드립니다.

- 네이버 오디오클립에서 '파고다 5분톡 영어회화 패턴별'을 검색해서 청취하세요.

교재 예문 MP3

영어 귀가 트이려면 반복해서 듣는 게 최고!

책에 수록된 모든 예문을 원어민 발음으로 들어볼 수 있도록 MP3를 무료로

제공합니다.

- 파고다북스 홈페이지에서 다운로드 받아 청취하세요. (실시간 스트리밍도 가능)

> 하루 **5분**씩 **100**일,
> 내 입에서 영어가 술술 나올 때까지!
> **5분톡 영어회화** 학습을 끌어주고
> 밀어주는 추가 자료 **4가지** "

5분 집중 말하기 훈련

완벽한 확인 학습으로 문장 마스터!

교재, 음성 강의, MP3 학습 후 온라인 말하기 훈련 프로그램을 통해
문장 습득과 발음 정확도를 체크해보세요.

• 파고다북스 홈페이지에서 학습할 수 있습니다.

5분톡 발음 클리닉

영어 발음 업그레이드 특훈!

파고다 베테랑 영어회화 선생님의 강의를 통해 한국인이 어려워하는
영어 발음만 모아 교정, 연습할 수 있습니다.

• 파고다북스 홈페이지 또는 유튜브에서 '파고다 5분톡 발음 클리닉'을
  검색하여 영상을 시청하세요.

원어민이 자주 사용하는 표현들을
패턴으로 쉽게 따라 말해보세요!

패턴으로 익힌 표현들을
한국어 뜻을 보고 영어로
말해 보세요!

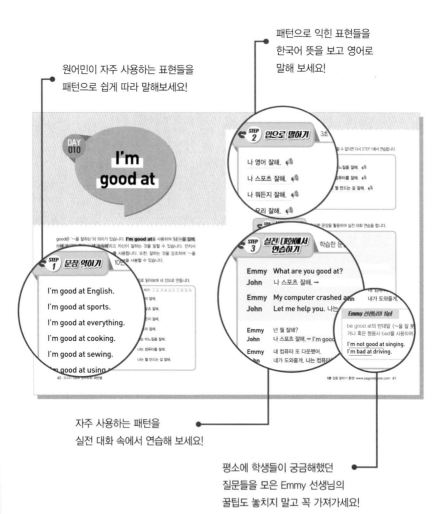

자주 사용하는 패턴을
실전 대화 속에서 연습해 보세요!

평소에 학생들이 궁금해했던
질문들을 모은 Emmy 선생님의
꿀팁도 놓치지 말고 꼭 가져가세요!

UNIT에서 학습한 패턴 표현들 중
가장 핵심이 되는 문장을 영어로
말해 보세요!

UNIT에서 학습한 패턴 표현들을
실전 대화로 복습해 보세요!

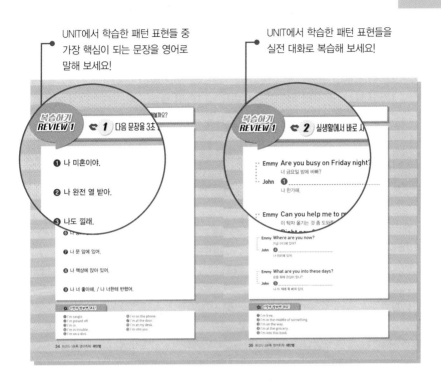

복습하기 REVIEW 1 ← 1 다음 문장을 3초

❶ 나 미혼이야.

❷ 나 완전 열 받아.

❸ 나도 낄래.

❼ 나 문 앞에 있어.

❽ 나 책상에 앉아 있어.

❾ 나 너 좋아해. / 나 너한테 반했어.

❶ I'm single   ❻ I'm on the phone.
❷ I'm pissed off   ❼ I'm at the door.
❸ I'm in   ❽ I'm at my desk.
❹ I'm in trouble.   ❾ I'm into you
❺ I'm on a diet.

34 최고의 5분톡 영어회화 패턴별

복습하기 REVIEW 1 ← 2 실생활에서 바로 사

Emmy Are you busy on Friday night?
       너 금요일 밤에 바빠?
John ❶ _____
       나 한가해.

Emmy Can you help me to m
       이 탁자 옮기는 것 좀 도와줄

Emmy Where are you now?
       지금 어디에 있어?
John ❸ _____
       나 아래에 있어.

Emmy What are you into these days?
       요즘 뭐에 관심이 있니?
John ❺ _____
       나 이 책에 푹 빠져 있어.

❶ I'm free.
❷ I'm in the middle of something.
❸ I'm on the way.
❹ I'm at the grocery.
❺ I'm into this book.

36 최고의 5분톡 영어회화 패턴별

5분톡 으로 공부하는 방법

Step 1. 교재의 영어 문장을 **입으로 많이(최소 10번)**
        반복해서 말하세요.

Step 2. **저자 직강 데일리 음성 강의를** 들으면서 의미와 표현을 이해하세요.

Step 3. **교재 예문 MP3를** 들으며 따라 말하세요.

Step 4. **5분 집중 말하기 훈련을** 활용해 영어를 듣고 따라 말하고,
        우리말 뜻을 보고 영어로 바꿔 말하는 연습을 하세요.

목차 & 100일 학습 체크리스트

Unit 1 be 동사로 말하기 (1)

학습
완료!

Unit 2 be 동사로 말하기 (2)

Unit 3 be 동사로 말하기 (3)

Unit 4 기본 동사로 말하기 (1)

Unit 9 조동사로 말하기 (2)

Unit 10 권유·명령문으로 말하기

Unit 11 현재완료 시제로 말하기

Unit 12 의문문으로 말하기

UNIT 1
be동사로
말하기 (1) I'm ~

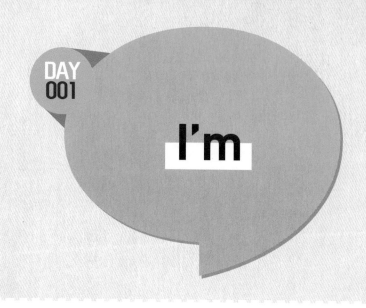

DAY 001

I'm

가장 쉽고 원어민들이 가장 즐겨 쓰는 be동사! be동사는 문장 속에 일반동사가 없을 때 사용합니다. **I am**을 사용하여 나의 상태나 성격, 기분에 대해 표현할 수 있는데, 회화에서는 줄여서 **I'm**으로 주로 표현합니다.

 **STEP 1 문장 익히기** 10번 반복해서 큰 소리로 읽어보며 내 것으로 만듭니다.

✓ 10번 반복 체크! 1 2 3 4 5 6 7 8 9 10

I'm tired.	나 피곤해.
I'm free.	나 한가해.
I'm single.	나 미혼이야.
I'm broke.	난 빈털터리야.
I'm lost.	나는 길을 잃었어요.
I'm pissed off.	나 완전 열 받아.
I'm busy 24/7.	난 항상 바빠. 참고 24 hours 7 days 항상, 매일

나 피곤해. 📢

나 한가해. 📢

나 미혼이야. 📢

난 빈털터리야. 📢

나는 길을 잃었어요. 📢

나 완전 열 받아. 📢

난 항상 바빠. 📢

STEP 3 실전 대화에서 연습하기   학습한 문장을 활용하여 실전 대화 연습을 합니다.

Emmy   Are you busy on Friday night?
John   나 한가해. →

Emmy   You look tired. What's wrong?
John   I just have so much going on. 난 항상 바빠. →

Emmy   너 금요일 밤에 바빠?
John   나 한가해. → I'm free.

Emmy   너 피곤해 보인다. 무슨 일 있어?
John   나 하는 게 너무 많아. 난 항상 바빠. → I'm busy 24/7.

> **Emmy 선생님의 tip!**
>
> 〈free〉를 '자유로운, 공짜의'라는 뜻으로만 알고 있나요? 그 외에도 회화에서 '시간이 있는, 한가한'이라는 뜻으로 사용해요.
>
> I'm free.   나 한가해.
> I'm free this weekend.   나 이번 주말 시간 돼.
> Are you free?   너 시간 있어?

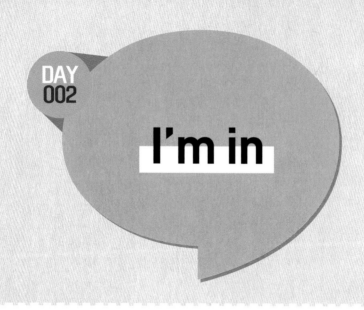

DAY 002

I'm in

I'm in은 '내가 지금 어떤 범위 안에 있다'의 의미입니다. 전치사 in은 입체적인 장소의 안, 부정확하고 넓은 장소, 시간 또는 어떤 상태나 상황 등에 참여하고 있다는 의미로 사용됩니다.

 **STEP 1 문장 익히기** 10번 반복해서 큰 소리로 읽어보며 내 것으로 만듭니다.

✓ 10번 반복 체크! 1 2 3 4 5 6 7 8 9 10

I'm in Seoul.	나 서울에 있어.
I'm in class.	나 수업 중이야.
I'm in love.	난 사랑에 빠졌어.
I'm in trouble.	나 큰일 났어. / 골치 아파.
I'm in the Internet business.	저는 인터넷 사업을 하고 있어요.
I'm in the middle of something.	나 뭔가 하는 중이야.
I'm in.	나도 낄래.

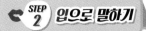
나 서울에 있어. 📢　　　저는 인터넷 사업을 하고 있어요. 📢

나 수업 중이야. 📢　　　나 뭔가 하는 중이야. 📢

난 사랑에 빠졌어. 📢　　　나도 낄래. 📢

나 큰일 났어. / 골치 아파. 📢

STEP 3 실전 대화에서 연습하기 　학습한 문장을 활용하여 실전 대화 연습을 합니다.

Emmy　Do you want to watch a movie tonight?
John　나도 낄래! →

Emmy　Can you help me to move this table?
John　Right now? Sorry, I can't. 나 뭔가 하는 중이야. →

Emmy　오늘 밤에 영화 보러 갈래?
John　나도 낄래! → I'm in!

Emmy　이 탁자 옮기는 것 좀 도와줄래?
John　지금 당장? 미안, 나 뭔가 하는 중이야. → I'm in the middle of something.

> **Emmy 선생님의 tip!**
>
> 〈in the middle of something〉은 뭔가 하는 중이라서 그 일을 하느라 바쁜 상태일 때 사용해요.
>
> I'm in the middle of cooking.　　　나 요리하는 중이야.
> I'm in the middle of working.　　　나 일하는 중이야.

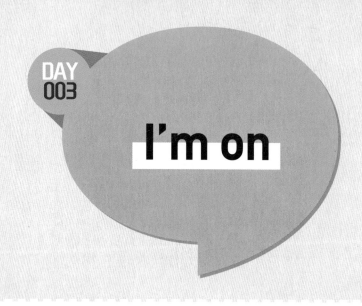

I'm on

I'm on은 '(면적을 차지한 무언가) 위에 (접촉하여) 있다', 그리고 내가 시간을 활용하여 어떤 일을 '진행 중인, 계속하는'이라는 의미로 사용합니다.

STEP 1 문장 익히기   10번 반복해서 큰 소리로 읽어보며 내 것으로 만듭니다.

✓ 10번 반복 체크! 1 2 3 4 5 6 7 8 9 10

I'm on a bus.	나 버스에 있어.
I'm on vacation.	나 휴가 중이야.
I'm on a diet.	나 다이어트 중이야.
I'm on the phone.	나 통화 중이야.
I'm on the way.	나 가는 길이야.
I'm on duty.	나 근무 중이야.
I'm on it.	내가 할게. / 내가 해결해 줄게.

STEP 2 입으로 말하기

3초 안에 영어로 말할 수 없다면 다시 STEP 1에서 연습합니다.

나 버스에 있어. 🔊   나 가는 길이야. 🔊

나 휴가 중이야. 🔊   나 근무 중이야. 🔊

나 다이어트 중이야. 🔊   내가 할게. / 내가 해결해 줄게. 🔊

나 통화 중이야. 🔊

STEP 3 실전 대화에서 연습하기

학습한 문장을 활용하여 실전 대화 연습을 합니다.

Emmy Are you coming?
John   나 가는 길이야. →

Emmy Did you do the dishes?
John   내가 할게. →

Emmy 오고 있어?
John   나 가는 길이야. → I'm on the way.

Emmy 설거지했니?
John   내가 할게. → I'm on it.

> **Emmy 선생님의 tip!**
>
> ⟨on the way+장소⟩는 '(그 장소)로 이동하는 중'을 의미해요. 단, home은 때는 이미 '~에'라
> 는 장소의 의미가 포함되어 있으니 to를 붙이지 않고 on my way home으로 말해주세요!
>
> I'm on the way to work.   출근하는 길이야.
> I'm on the way to Gangnam.   강남 가는 길이야.
> Can you get me some coffee on the   집에 오는 길에 커피 좀 사다 줄래?
> way home?

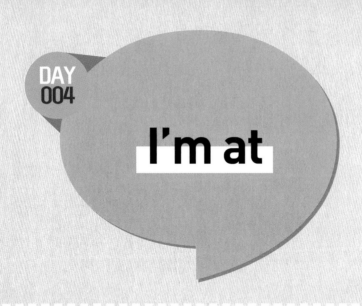

I'm at

I'm at은 내가 있는 위치를 지도에서 콕 찍을 수 있을 만큼 정확하고 특정한 장소를 말합니다.

 **STEP 1 문장 익히기** 10번 반복해서 큰 소리로 읽어보며 내 것으로 만듭니다.

✓ 10번 반복 체크! ☐1 ☐2 ☐3 ☐4 ☐5 ☐6 ☐7 ☐8 ☐9 ☐10

I'm at work.	나 회사에 있어. / 나 일하는 중이야.
I'm at a party.	나 파티에 있어.
I'm at the grocery.	나 마트에 있어.
I'm at the door.	나 문 앞에 있어.
I'm at the park.	나 공원에 있어.
I'm at my desk.	나 책상에 앉아 있어.
I'm at the drug store.	나 약국에 있어.

3초 안에 영어로 말할 수 없다면 다시 STEP 1에서 연습합니다.

나 회사에 있어. / 나 일하는 중이야. 　　나 공원에 있어.

나 파티에 있어.

나 마트에 있어.　　나 책상에 앉아 있어.

나 문 앞에 있어.　　나 약국에 있어.

학습한 문장을 활용하여 실전 대화 연습을 합니다.

Emmy　Where are you now?
John　나 마트에 있어. →

Emmy　Hey, John! Where are you? You were supposed to be here 10 minutes ago.
John　나 문 앞이야. →

Emmy　지금 어디에 있어?
John　나 마트에 있어. → I'm at the grocery.

Emmy　존! 너 어디야? 너 10분 전에 와 있어야 했잖아.
John　나 문 앞이야. → I'm at the door.

> **Emmy 선생님의 tip!**
> 〈마트〉를 영어로 표현할 때, mart라고 말하면 틀린 표현이에요. '마트'는 보통 grocery, supermarket으로 표현해요. grocery는 사전적으로 '식료품'이지만 보통 '장보다'로 쓰여요.
>
> **I need to buy groceries.**　　　　나 장 봐야 해.
> **I'm going to the grocery.**　　　나 마트에 가고 있어.
> 참고로 '장바구니'는 grocery bag이고, '비닐봉지'는 plastic bag이에요.

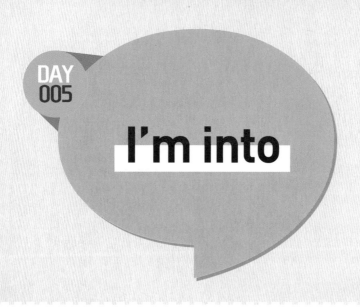

DAY 005

I'm into

I'm into는 '〜에 푹 빠져 있다, 〜를 아주 좋아하다'라는 뜻입니다. 전치사 into는 '〜속[안]으로 향하는'이라는 뜻인데, 이 표현에서는 '〜으로 빠져들어 관심이 있는'이라는 의미로 사용됩니다.

STEP 1 문장 익히기   10번 반복해서 큰 소리로 읽어보며 내 것으로 만듭니다.

✓ 10번 반복 체크! ①②③④⑤⑥⑦⑧⑨⑩

I'm into you.	나 너 좋아해. / 나 너한테 반했어.
I'm into blogging.	나 블로그에 푹 빠져 있어.
I'm into this book.	나 이 책에 푹 빠져 있어.
I'm into fitness.	체력 관리에 푹 빠져 있어.
I'm into doing yoga.	요가 하는 것에 푹 빠져 있어.
I'm into playing golf.	골프 치는 것을 정말 좋아해.
I'm into learning new things.	새로운 것을 배우는 걸 정말 좋아해.

입으로 말하기

3초 안에 영어로 말할 수 없다면 다시 STEP 1에서 연습합니다.

나 너 좋아해. / 나 너한테 반했어. 🔊 요가 하는 것에 푹 빠져 있어. 🔊

나 블로그에 푹 빠져 있어. 🔊 골프 치는 것을 정말 좋아해. 🔊

나 이 책에 푹 빠져 있어. 🔊 새로운 것을 배우는 걸 정말 좋아해. 🔊

체력 관리에 푹 빠져 있어. 🔊

STEP 3 실전 대화에서 연습하기

학습한 문장을 활용하여 실전 대화 연습을 합니다.

Emmy	What are you into these days?
John	나 이 책에 푹 빠져 있어. →
Emmy	Are you going to the gym again?
John	체력 관리에 푹 빠져 있어. →

Emmy	요즘 뭐에 관심이 있니?
John	나 이 책에 푹 빠져 있어. → I'm into this book.
Emmy	너 또 헬스장 가니?
John	체력 관리에 푹 빠져 있어. → I'm into fitness.

> **Emmy 선생님의 tip!**
>
> 스포츠나 운동을 이야기할 때 play, do, go 동사를 사용할 수 있어요.
>
> **play** 공으로 하는 운동 혹은 승패가 있는 경쟁을 하는 운동에 사용해요.
> play golf, play tennis, play baseball (단, 볼링은 예외입니다. go bowling)
>
> **do** 혼자서 할 수 있는 운동으로 보통 〈do+명사로 된 운동 이름〉으로 말해요.
> do yoga, do taekwondo, do Pilates
>
> **go** 어디 가서 하는 액티비티 혹은 운동으로 보통 〈go+동사원형ing〉로 말해요.
> go skiing, go fishing, go surfing, go swimming

DAY 006

I'm off

I'm off에서 전치사 off는 '떨어지다, 분리되다'라는 의미로 어딘가로 향한다는 방향성을 나타내는 전치사 to와 함께 장소를 쓰면 '(한 곳에서 다른 곳으로) 이동하여 ~하러 간다'라는 의미입니다.

 **STEP 1 문장 익히기**   10번 반복해서 큰 소리로 읽어보며 내 것으로 만듭니다.

✓ 10번 반복 체크! 1 2 3 4 5 6 7 8 9 10

I'm off to Busan.	나 부산 가.
I'm off to work.	나 일하러 가.
I'm off to bed now.	나 지금 자러 가.
I'm off to the gym.	나 운동하러 가.
I'm off to see my parents.	나 부모님을 뵈러 가.
I'm off today.	나 오늘 쉬는 날이야.
I'm off next Friday.	나 다음 주 금요일에 쉬는 날이야.

나 부산 가. 🔊   나 부모님을 뵈러 가. 🔊

나 일하러 가. 🔊   나 오늘 쉬는 날이야. 🔊

나 지금 자러 가. 🔊   나 다음 주 금요일에 쉬는 날이야. 🔊

나 운동하러 가. 🔊

STEP 3 실전 대화에서 연습하기   학습한 문장을 활용하여 실전 대화 연습을 합니다.

Emmy Are you free next Friday?

John Yes. 나 다음 주 금요일에 쉬는 날이야. →

Emmy Where are you off to?

John 나 부모님을 뵈러 가. →

Emmy 너 다음 주 금요일에 시간 있어?

John 응. 나 다음 주 금요일에 쉬는 날이야. → I'm off next Friday.

Emmy 너 어디 가는 길이야?

John 나 부모님을 뵈러 가. → I'm off to see my parents.

Emmy 선생님의 tip!

〈go to+장소〉 혹은 〈off to+장소〉로 '~에 간다'를 나타낼 수 있는데 비슷한 표현으로 〈head〉를 사용할 수 있어요. head는 '(머리가 어느 방향)으로 향하다, ~로 가다'의 의미예요. '너 어디 가니?'를 다양한 표현으로 말해볼까요?

Where are you <u>going</u>?
Where are you <u>headed</u>?
Where are you <u>off to</u>?

DAY 007

I'm here

'난 여기에 있어'는 **I'm here**입니다. 여기에 온 이유를 밝히고자 할 때, 〈I'm here＋to동사원형〉을 쓰면 '～을 하러 여기 왔어요'이고 〈I'm here＋for 명사〉를 쓰면 '～ 때문에 여기에 왔어요'를 뜻합니다.

 **STEP 1 문장 익히기**   10번 반복해서 큰 소리로 읽어보며 내 것으로 만듭니다.

✓ 10번 반복 체크! ① ② ③ ④ ⑤ ⑥ ⑦ ⑧ ⑨ ⑩

I'm here to travel.	여행하러 왔어요.
I'm here to visit my friend.	친구 방문하러 왔어요.
I'm here to help you.	널 도와주러 왔어.
I'm here to make a reservation.	예약하러 왔어요.
I'm here for business.	사업 때문에 왔어요.
I'm here for the job interview.	면접 때문에 왔어요.
I'm here for you.	(너를 위해) 내가 있잖아.

여행하러 왔어요. 🔊

친구 방문하러 왔어요. 🔊

널 도와주러 왔어. 🔊

예약하러 왔어요. 🔊

사업 때문에 왔어요. 🔊

면접 때문에 왔어요. 🔊

(너를 위해) 내가 있잖아. 🔊

STEP 3 실전 대화에서 연습하기 학습한 문장을 활용하여 실전 대화 연습을 합니다.

Emmy   What can I do for you?
John   예약하러 왔어요. →

Emmy   What is the purpose of your visit?
John   사업 때문에 왔어요. →

Emmy   어떻게 도와 드릴까요?
John   예약하러 왔어요. → I'm here to make a reservation.

Emmy   방문 목적이 무엇인가요?
John   사업 때문에 왔어요. → I'm here for business.

Emmy 선생님의 tip!

〈I'm here for you〉는 '너를 위해 내가 여기 있어'라는 뜻인데요. 보통 '내가 있잖아, 내가 항상
네 곁에 있어'라는 위로의 말로 친구나 가족, 연인에게 응원의 메시지로 쓸 수 있는 표현이에요.

Don't worry! I'm here for you.   걱정하지 마! 내가 있잖아.

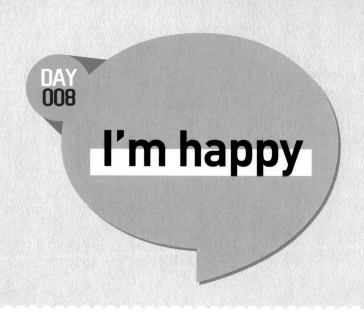

DAY 008

I'm happy

'난 ~해서 너무 좋아[기쁘다]. 난 ~해서 만족해'라는 표현으로 〈I'm happy+to동사 원형〉을 쓰면 '~하게 되어서 기뻐요'이고, 〈I'm happy+for 사람〉을 쓰면 '~가 정말 잘됐어'라는 뜻입니다. 비슷한 표현으로는 I'm glad, I'm pleased가 있습니다.

 **STEP 1 문장 익히기** 　10번 반복해서 큰 소리로 읽어보며 내 것으로 만듭니다.

✓ 10번 반복 체크! ① ② ③ ④ ⑤ ⑥ ⑦ ⑧ ⑨ ⑩

I'm happy to meet you.	만나게 되어서 기뻐요.
I'm happy to see you again.	다시 만나서 기뻐요.
I'm happy to hear the news.	그 소식을 들어 기뻐.
I'm happy to be with you.	너와 함께 있어서 좋아.
I'm happy to be here.	여기 오길 잘했네요.
I'm happy for you.	너 때문에 기뻐. / 정말 잘됐다.
I'm happy for them.	걔네 정말 잘됐다.

만나게 되어서 기뻐요. 🔊   여기 오길 잘했네요. 🔊

다시 만나서 기뻐요. 🔊   너 때문에 기뻐. / 정말 잘됐다. 🔊

그 소식을 들어 기뻐. 🔊   걔네 정말 잘됐다. 🔊

너와 함께 있어서 좋아. 🔊

STEP 3 실전 대화에서 연습하기 학습한 문장을 활용하여 실전 대화 연습을 합니다.

Emmy Hey, John! Long time no see.
John Emmy, 다시 만나서 기뻐. →

Emmy I passed the test.
John 정말 잘됐다. →

Emmy 안녕, 존! 오랜만이야.
John 에미, 다시 만나서 기뻐. → I'm happy to see you again.
Emmy 나 시험 통과했어.
John 정말 잘됐다. → I'm happy for you.

> **Emmy 선생님의 tip!**
>
> I'm happy to meet you vs I'm happy to see you
> 한국어로 해석하면 둘 다 '만나서 기뻐요'라는 표현이지만 잘못 사용하면 어색해질 수 있어요!
> meet과 see는 비슷한 듯 구분하기 쉽지 않아요. '만나다(meet)', '보다(see)'라고 단순히 해석
> 하면 부자연스러워요.
> to meet은 처음 알게 된 사이에서 '만나는 것'에 중점을 두어요. 하지만 to see는 이미 아는 사
> 람에게 '다시 봐서 좋아[기뻐]'라는 의미로 사용해요. 막상 말하려면 자주 틀리는 표현이니 잘 기
> 억해 주세요!
>
> I'm happy to meet you.   처음 뵙겠습니다.
> I'm happy to see you.   다시 만나서 반가워.

I'm sorry는 사과하거나 아쉬움을 표현할 때 사용합니다. 〈I'm sorry+about〉은 '(어떤 일)에 대해 미안해'이고, 〈I'm sorry+for 사람〉은 '안됐다'라는 뜻으로 그 사람에 대해 안타까운 마음을 나타내요.

 **STEP 1 문장 익히기**　10번 반복해서 큰 소리로 읽어보며 내 것으로 만듭니다.

✓ 10번 반복 체크! 1 2 3 4 5 6 7 8 9 10

I'm sorry about it.	미안해.
I'm sorry about this morning.	오늘 아침 일은 미안해.
I'm sorry about everything.	전부 다 미안해.
I'm sorry about your camera.	카메라 때문에 미안해.
I'm sorry about the noise.	시끄럽게 해서 미안해.
I'm sorry for Jenny.	제니 정말 안됐어.
I'm sorry for you.	진심으로 유감이네요. / 정말 안됐네요.

STEP 2 입으로 말하기

3초 안에 영어로 말할 수 없다면 다시 STEP 1에서 연습합니다.

미안해. 🔊   시끄럽게 해서 미안해. 🔊

오늘 아침 일은 미안해. 🔊   제니 정말 안됐어. 🔊

전부 다 미안해. 🔊   진심으로 유감이네요. / 정말 안됐네요. 🔊

카메라 때문에 미안해. 🔊

STEP 3 실전 대화에서 연습하기

학습한 문장을 활용하여 실전 대화 연습을 합니다.

Emmy	You hurt me.
John	미안해. → **I didn't mean it.**
Emmy	오늘 아침 일은 미안해. →
John	**No problem.**

Emmy 나 너한테 상처 줬어.
John 미안해. → I'm sorry about it. 일부러 그런 게 아니었어.

Emmy 오늘 아침 일은 미안해. → I'm sorry about this morning.
John 괜찮아.

Emmy 선생님의 tip!

〈mean〉은 다양한 뜻이 있어요. 우선, 동사로 '~을 뜻하다. ~을 의도하다'라는 뜻으로 아래와 같이 사용해요.

I didn't **mean** it.   일부러 한 건 아니야.
I didn't **mean** to say it like that.   그런 의도로 말한 건 아니었어.

반대로 긍정문 I mean it은 내가 의도한 것이니 '진심이야'라는 뜻이에요.

형용사 mean은 '못된, 야비한'이라는 뜻이에요.

He is **mean** to me.   그 애는 나에게 못되게 굴어.

1 다음 문장을 3초 안에 바로 말해볼까요?

❶ 나 미혼이야.

❷ 나 완전 열 받아.

❸ 나도 낄래.

❹ 나 큰일 났어. / 골치 아파.

❺ 나 다이어트 중이야.

❻ 나 통화 중이야.

❼ 나 문 앞에 있어.

❽ 나 책상에 앉아 있어.

❾ 나 너 좋아해. / 나 너한테 반했어.

☆ 이렇게 말하면 돼요!

❶ I'm single.
❷ I'm pissed off.
❸ I'm in.
❹ I'm in trouble.
❺ I'm on a diet.

❻ I'm on the phone.
❼ I'm at the door.
❽ I'm at my desk.
❾ I'm into you.

⑩ 요가 하는 것에 푹 빠져 있어.

⑪ 나 오늘 쉬는 날이야.

⑫ 나 부산 가.

⑬ 여행하러 왔어요.

⑭ 널 도와주러 왔어.

⑮ 여기 오길 잘했네요.

⑯ 너 때문에 기뻐. / 정말 잘됐다.

⑰ 전부 다 미안해.

⑱ 제니 정말 안됐어.

☆ 이렇게 말하면 돼요!

⑩ I'm into doing yoga.
⑪ I'm off today.
⑫ I'm off to Busan.
⑬ I'm here to travel.
⑭ I'm here to help you.
⑮ I'm happy to be here.
⑯ I'm happy for you.
⑰ I'm sorry about everything.
⑱ I'm sorry for Jenny.

Emmy Are you busy on Friday night?
너 금요일 밤에 바빠?

John ❶ _____
나 한가해.

Emmy Can you help me to move this table?
이 탁자 옮기는 것 좀 도와줄래?

John Right now? Sorry, I can't. ❷ _____
지금 당장? 미안, 안 돼. 나 뭔가 하는 중이야.

Emmy Are you coming?
오고 있어?

John ❸ _____
나 가는 길이야.

Emmy Where are you now?
지금 어디에 있어?

John ❹ _____
나 마트에 있어.

Emmy What are you into these days?
요즘 뭐에 관심이 있니?

John ❺ _____
나 이 책에 푹 빠져 있어.

⭐ 이렇게 말하면 돼요!

❶ I'm free.
❷ I'm in the middle of something.
❸ I'm on the way.
❹ I'm at the grocery.
❺ I'm into this book.

Emmy Where are you off to?
너 어디 가는 길이야?

John ❻ _____
나 부모님을 뵈러 가.

Emmy What is the purpose of your visit?
방문 목적이 무엇인가요?

John ❼ _____
사업 때문에 왔어요.

Emmy Hey, John! Long time no see.
안녕, 존! 오랜만이야.

John Emmy, ❽ _____
에미, 다시 만나서 기뻐.

Emmy ❾ _____
오늘 아침 일은 미안해.

John No problem.
괜찮아.

⭐ 이렇게 말하면 돼요!

❻ I'm off to see my parents.
❼ I'm here for business.
❽ I'm happy to see you again.
❾ I'm sorry about this morning.

UNIT 2

be동사로
말하기 (2) I'm ~

DAY 010
I'm good at

good은 '~을 잘하는'의 의미가 있습니다. **I'm good at**을 사용하여 '나 ~을 잘해, ~에 솜씨가 좋아, ~에 능숙해'라고 자신이 잘하는 것을 말할 수 있습니다. 전치사 at 뒤에는 명사 혹은 동사원형ing를 사용합니다. 또한, 잘하는 것을 강조하여 '~을 아주 잘한다'라고 표현하려면 be great at을 사용할 수 있습니다.

 **STEP 1 문장 익히기** 10번 반복해서 큰 소리로 읽어보며 내 것으로 만듭니다.

✓ 10번 반복 체크! ① ② ③ ④ ⑤ ⑥ ⑦ ⑧ ⑨ ⑩

I'm good at English.	나 영어 잘해.
I'm good at sports.	나 스포츠 잘해.
I'm good at everything.	나 뭐든지 잘해.
I'm good at cooking.	나 요리 잘해.
I'm good at sewing.	나는 바느질을 잘해.
I'm good at using a computer.	나는 컴퓨터를 잘해.
I'm good at making things.	나는 뭘 만드는 걸 잘해.

3초 안에 영어로 말할 수 없다면 다시 STEP 1에서 연습합니다.

나 영어 잘해. 🔊

나 스포츠 잘해. 🔊

나 뭐든지 잘해. 🔊

나 요리 잘해. 🔊

나는 바느질을 잘해. 🔊

나는 컴퓨터를 잘해. 🔊

나는 뭘 만드는 걸 잘해. 🔊

학습한 문장을 활용하여 실전 대화 연습을 합니다.

Emmy What are you good at?

John 나 스포츠 잘해. →

Emmy My computer crashed again.

John Let me help you. 나는 컴퓨터를 잘해. →

Emmy 넌 뭘 잘해?

John 나 스포츠 잘해. → I'm good at sports.

Emmy 내 컴퓨터 또 다운됐어.

John 내가 도와줄게. 나는 컴퓨터를 잘해. → I'm good at using a computer.

Emmy 선생님의 tip!

be good at의 반대말 〈~을 잘 못 하는〉은 be동사에 not을 붙여 〈be not good at〉을 사용하거나 혹은 형용사 bad를 사용하여 〈be bad at〉으로 표현할 수 있어요.

I'm not good at singing.   난 노래를 잘 못 해.
I'm bad at driving.   난 운전을 잘 못 해.

DAY 011

I'm totally

totally는 원어민들이 즐겨 쓰는 표현으로 '완전히'라는 뜻을 강조하는 부사입니다. 그래서 **I'm totally**는 '난 완전 ~해'라는 강조 표현입니다. 비슷한 표현으로는 I'm definitely, I'm absolutely가 있습니다.

 **STEP 1 문장 익히기** 10번 반복해서 큰 소리로 읽어보며 내 것으로 만듭니다.

✓ 10번 반복 체크! ① ② ③ ④ ⑤ ⑥ ⑦ ⑧ ⑨ ⑩

I'm totally fine.	나 완전 괜찮아.
I'm totally bored.	나 완전 심심해.
I'm totally excited.	나 완전 신나.
I'm totally out of shape.	나 완전 몸 상태가 안 좋아. / 나 완전 몸매가 망가졌어.
I'm totally beat.	나 완전 지쳤어.
I'm totally stuffed.	나 완전 배불러.
I'm totally with you.	네 말에 전적으로 동의해. / 네 말이 맞아.

나 완전 괜찮아.

나 완전 심심해.

나 완전 신나.

나 완전 몸 상태가 안 좋아. /
나 완전 몸매가 망가졌어.

나 완전 지쳤어.

나 완전 배불러.

네 말에 전적으로 동의해. /
네 말이 맞아.

STEP 3 실전 대화에서 연습하기 학습한 문장을 활용하여 실전 대화 연습을 합니다.

Emmy	How was your day?
John	I had a tough day today. 나 완전 지쳤어. →
Emmy	Let's get some dessert.
John	나 완전 배불러. → I don't have any room for dessert.

Emmy	오늘 하루 어땠어?
John	오늘 힘든 날이었어. 나 완전 지쳤어. → I'm totally beat.
Emmy	우리 디저트 먹자.
John	나 완전 배불러. → I'm totally stuffed. 나 디저트 들어갈 자리 없어.

Emmy 선생님의 tip!

〈out of shape〉에서 out of는 '~가 없다, ~ 밖에 있다'라는 부정적인 의미가 있는데, shape 와 함께 쓰여 '모양이 망가졌다'라는 의미예요. 사람에게 사용하면 '건강 상태가 좋지 않은' 혹은 '(관리를 안 해서) 몸매가 망가진'라고 쓰여요. 반대로 in shape는 '건강한', 혹은 '(몸매를 잘 관리해서) 몸매가 좋은'이라는 뜻이에요.

I'm out of shape. I need to work out regularly.
나 몸매가 망가졌어. 규칙적으로 운동해야겠어.
I should get in shape.
나 몸매 좀 가꿔야겠어.

DAY 012

I'm kind of

kind는 '종류'라는 뜻으로만 알기엔 아까운 표현입니다. 원어민들이 감정을 표현할 때 '약간, 조금, 좀, 그렇다고나 할까' 이런 의미로 정말 많이 사용합니다. **I'm kind of**는 '나 좀 ~해'라고 해석하고, I'm sort of도 같은 의미로 사용할 수 있습니다. 그리고 kind of는 보통 원어민들이 구어체 kinda로 더 빠르고 간단하게 사용합니다.

 **STEP 1 문장 익히기** 10번 반복해서 큰 소리로 읽어보며 내 것으로 만듭니다.

✓ 10번 반복 체크! ☐1 ☐2 ☐3 ☐4 ☐5 ☐6 ☐7 ☐8 ☐9 ☐10

I'm kind of hungry.	나 약간 배고파.
I'm kind of busy.	나 조금 바빠.
I'm kind of tired.	나 약간 피곤해.
I'm kind of nervous.	나 조금 긴장돼.
I'm kind of worried.	나 조금 걱정돼.
I'm kind of confused.	나 약간 헷갈려.
I'm kind of shocked.	나 조금 충격 받았어.

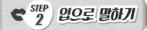
나 약간 배고파. 📢   나 조금 걱정돼. 📢

나 조금 바빠. 📢   나 약간 헷갈려. 📢

나 약간 피곤해. 📢   나 조금 충격 받았어. 📢

나 조금 긴장돼. 📢

STEP 3 실전 대화에서 연습하기   학습한 문장을 활용하여 실전 대화 연습을 합니다.

Emmy 나 약간 배고파. →
John Do you want to grab a bite?

Emmy Hey, John! Can we talk?
John Sorry, 나 조금 바빠. →

Emmy 나 약간 배고파. → I'm kind of hungry.
John 뭐 좀 간단히 먹으러 갈래?

Emmy 저기, 존! 우리 잠깐 얘기할 수 있을까?
John 미안, 나 조금 바빠. → I'm kind of busy.

Emmy 선생님의 tip!

〈grab〉은 '잡다'라는 뜻으로 많이 알고 있는데요. a bite(한입)와 같이 쓰여 '(빠르고 간단하게) 먹다'로 쓸 수 있어요.

Let's grab a bite.	간단히 뭐 좀 먹자.
Let's grab some beer.	맥주 마시러 가자.
Let's grab some coffee.	커피 마시러 가자.

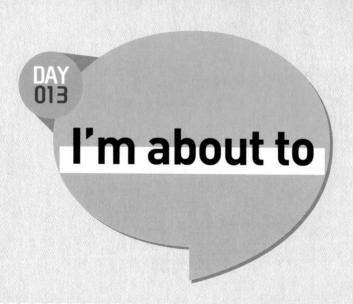

I'm about to

⟨I'm about to+동사원형⟩은 '~을 하려던 참이다'라는 뜻으로 아주 가까운 미래를 말합니다. 강조하는 경우 부사 just를 사용하여 **I'm just about to** '나 방금 막 ~하려고 했어'라고 씁니다. be동사 am의 과거형인 was를 사용하여 **I was about to**로 '난 ~하려 했었어'라는 의미를 나타냅니다.

 **STEP 1 문장 익히기** 10번 반복해서 큰 소리로 읽어보며 내 것으로 만듭니다.

✓ 10번 반복 체크! ☐1 ☐2 ☐3 ☐4 ☐5 ☐6 ☐7 ☐8 ☐9 ☐10

I'm about to leave.	나 지금 나가려던 참이야.
I'm about to go to bed.	나 지금 자려던 참이야.
I'm about to have dinner.	나 이제 곧 저녁을 먹으려고 해.
I'm about to get some coffee.	나 지금 커피 마시러 가던 길인데.
I was about to check it out.	나 확인하려던 참이었어.
I was about to ask you.	나 너에게 물어보려던 참이었어.
I was about to call you.	나 너에게 전화하려던 참이었어.

STEP 2 입으로 말하기

3초 안에 영어로 말할 수 없다면 다시 STEP 1에서 연습합니다.

나 지금 나가려던 참이야. 🔊

나 확인하려던 참이었어. 🔊

나 지금 자려던 참이야. 🔊

나 너에게 물어보려던 참이었어. 🔊

나 이제 곧 저녁을 먹으려고 해. 🔊

나 너에게 전화하려던 참이었어. 🔊

나 지금 커피 마시러 가던 길인데. 🔊

STEP 3 실전 대화에서 연습하기

학습한 문장을 활용하여 실전 대화 연습을 합니다.

Emmy	Hey, what are you doing?
John	나 지금 나가려던 참이야. → **What's up?**
Emmy	Did you check your email?
John	Sorry, 나 확인하려던 참이었어. →

Emmy	안녕, 뭐 하고 있어?
John	나 지금 나가려던 참이야. → I'm about to leave. 무슨 일이야?
Emmy	이메일 확인했어?
John	미안, 나 확인하려던 참이었어. → I was about to check it out.

> ### *Emmy 선생님의 tip!*
>
> '먹다'라는 의미로 가장 먼저 떠오르는 단어가 동사 eat인데요. 동사 have 역시 '먹다'의 의미로 사용할 수 있어요. 또한 have는 '먹다, 마시다' 둘 다 사용이 가능해요.
>
> 〈eat〉 뒤에는 먹는 음식을 직접 말할 때 사용해요. eat pizza, eat Kimchi, eat ice cream
> 〈have〉는 보통 정기적인 식사(breakfast, lunch, dinner)일 경우 사용해요. have breakfast
>
> '치맥 했다'라고 했을 때, 치킨은 먹고 맥주는 마셔야 하므로 have를 써서 have fried chicken and beer 이렇게 간단히 표현해요.

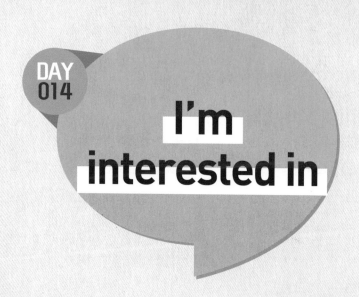

DAY 014

I'm interested in

'난 ~에 관심 있어요'라는 표현입니다. 전치사 in은 '~ 안에 포함하다'라는 뜻이므로 어떤 일 안으로 들어가는 것과 연관 지어 기억하세요. 〈I'm interested in+명사〉 또는 〈I'm interested in+동사원형ing〉로 씁니다.

 **STEP 1 문장 익히기** 10번 반복해서 큰 소리로 읽어보며 내 것으로 만듭니다.

✓ 10번 반복 체크! 1 2 3 4 5 6 7 8 9 10

I'm interested in him.	나 그 애한테 관심 있어.
I'm interested in baseball.	나 야구에 관심 있어.
I'm interested in movies.	나 영화에 관심 있어.
I'm interested in traveling.	나 여행에 관심 있어.
I'm interested in politics.	나 정치에 관심 있어.
I'm interested in volunteering.	나 자원봉사에 관심 있어.
I'm interested in learning English.	나 영어 배우는 것에 관심 있어.

나 그 애한테 관심 있어.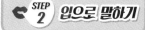

나 야구에 관심 있어.

나 영화에 관심 있어.

나 여행에 관심 있어.

나 정치에 관심 있어.

나 자원봉사에 관심 있어.

나 영어 배우는 것에 관심 있어.

STEP 3 실전 대화에서 연습하기   학습한 문장을 활용하여 실전 대화 연습을 합니다.

Emmy What are you interested in?
John 나 야구에 관심 있어. →
I'm a big fan of the Bears.

Emmy 나 그 애한테 관심 있어. →
John Why don't you ask him out?

Emmy 넌 뭐에 관심 있어?
John 나 야구에 관심 있어. → I'm interested in baseball.
난 베어스 열성 팬이야.

Emmy 나 그 애한테 관심 있어. → I'm interested in him.
John 그럼 데이트 신청해 보는 건 어때?

Emmy 선생님의 tip!

'난 ~를 아주 좋아해, ~의 열성적인 팬이야'를 I like it 또는 I love it 대신에 〈I'm a big fan of〉로 표현할 수 있어요. big을 '열성적인'이라고 해석해 주세요.

I'm a big fan of baseball.   난 야구 광팬이야.
I'm a big fan of BTS.   전 BTS 엄청난 팬이에요.
I'm a big fan of this wine.   난 이 와인 정말 좋아해.

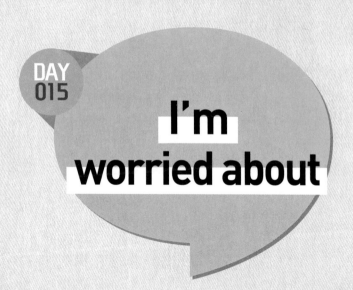

I'm worried about

DAY 015

I'm worried는 '나 걱정돼'라는 뜻입니다. worried 뒤에 〈about＋사람[사물^{걱정거리}]〉을 쓰면 '~에 대해[~때문에] 걱정돼'라는 의미입니다. 전치사 about 뒤에는 명사 또는 동사원형ing를 씁니다.

✓ 10번 반복 체크! ① ② ③ ④ ⑤ ⑥ ⑦ ⑧ ⑨ ⑩

I'm worried about you.	난 네가 걱정돼.
I'm worried about my dog.	난 내 강아지가 걱정돼.
I'm worried about my future.	난 내 미래가 걱정돼.
I'm worried about the exam tomorrow.	난 내일 시험 걱정돼.
I'm worried about a lot of things.	나 고민이 많아.
I'm worried about making mistakes.	나 실수할까 봐 걱정돼.
I'm worried about gaining weight.	나 살찔까 봐 걱정돼.

STEP 2 입으로 말하기

3초 안에 영어로 말할 수 없다면 다시 STEP 1에서 연습합니다.

난 네가 걱정돼. 📢

나 고민이 많아. 📢

난 내 강아지가 걱정돼. 📢

나 실수할까 봐 걱정돼. 📢

난 내 미래가 걱정돼. 📢

나 살찔까 봐 걱정돼. 📢

난 내일 시험 걱정돼. 📢

STEP 3 실전 대화에서 연습하기

학습한 문장을 활용하여 실전 대화 연습을 합니다.

Emmy Are you okay, John? 난 네가 걱정돼. →
John I'm kind of nervous.

Emmy 나 내일 시험 걱정돼. →
John Don't worry. You got this, Emmy! I'm sure you will pass.

Emmy 존, 너 괜찮니? 난 네가 걱정돼. → I'm worried about you.
John 나 조금 긴장돼.

Emmy 나 내일 시험 걱정돼. → I'm worried about the exam tomorrow.
John 걱정 마. 할 수 있어, 에미야! 확실히 붙을 거야.

Emmy 선생님의 tip!

〈살이 찌다〉는 gain weight, put on weight로 표현할 수 있어요.

I gained some weight.	나 살 좀 쪘어.
I put on five kilograms.	나 5kg 쪘어.

반대로 〈살을 빼다〉는 lose weight, drop weight로 표현할 수 있어요.

I want to lose 5 kilograms.	난 5kg 빼고 싶어.
I'm kind of overweight, so I want to drop some weight.	나 약간 과체중이라 살을 좀 빼고 싶어.

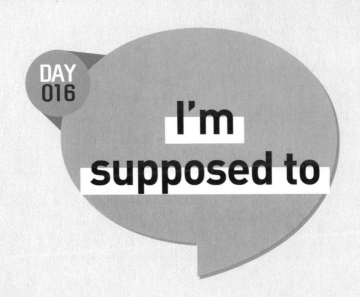

I'm supposed to

'나 ~을 하기로 약속되어 있어, ~할 예정이야, ~해야 해'라는 뜻입니다. 내 의지보다는 이미 약속된 일이나 예정된 일을 나타냅니다. 〈I'm supposed to+동사원형〉을 사용합니다.

 **STEP 1 문장 익히기**   10번 반복해서 큰 소리로 읽어보며 내 것으로 만듭니다.

✓ 10번 반복 체크! 1 2 3 4 5 6 7 8 9 10

I'm supposed to meet Emmy.	나는 에미를 만나기로 되어 있어.
I'm supposed to call him.	내가 그 애에게 전화하기로 했어.
I'm supposed to help my sister.	나는 내 여동생 도와줘야 해.
I'm supposed to go on a trip.	나 여행 가기로 되어 있어.
I'm supposed to finish it tonight.	나 오늘 밤까지 끝내기로 되어 있어.
I'm supposed to be in class.	나 지금 수업에 가 있어야 해.
I'm supposed to be home by 8 p.m.	나 8시까지 집에 들어가야 해.

나는 에미를 만나기로 되어 있어. 📢   나 오늘 밤까지 끝내기로 되어 있어. 📢

내가 그 애에게 전화하기로 했어. 📢   나 지금 수업에 가 있어야 해. 📢

나는 내 여동생 도와줘야 해. 📢   나 8시까지 집에 들어가야 해. 📢

나 여행 가기로 되어 있어. 📢

STEP 3 실전 대화에서 연습하기 학습한 문장을 활용하여 실전 대화 연습을 합니다.

Emmy What are you going to do this weekend?
John 나 여행 가기로 되어 있어. →

Emmy Let's go for a drink.
John Sorry, maybe next time.
나 8시까지 집에 들어가야 해. →

Emmy 이번 주말에 뭐 할 거야?
John 나 여행 가기로 되어 있어. → I'm supposed to go on a trip.

Emmy 술 한잔하러 가자.
John 미안, 다음번에 마시자.
나 8시까지 집에 들어가야 해. → I'm supposed to be home by 8 p.m.

Emmy 선생님의 tip!

〈~까지〉를 표현하는 전치사로 until과 by가 사용되는데, 한국어로는 둘 다 '~까지'이지만 영어로는 정확히 구분해서 사용해야 해요. 〈until〉은 지정해 놓은 시점까지 계속 이어지지만, 〈by〉는 '~전까지'라는 완료의 의미예요.

I will be in Busan <u>until</u> Friday.   나 금요일까지 부산에 있을 거야.
(난 금요일 전에 돌아오지 않아.)

I'm supposed to be home <u>by</u> 8 p.m.   나 8시까지 집에 들어가야 해.
(8시 전에는 아무 때나 들어가도 되지만 8시 넘으면 안 돼.)

I'm done with

'나 ~을 다 끝냈어[했어]'라는 표현입니다. 또한, 어떤 일이나 사람이 지긋지긋해 '이젠 끝이야'라는 뜻으로도 쓸 수 있습니다. 전치사 with를 생략하고 I'm done만으로도 '다 끝났어, 이젠 끝이야'라고 쓸 수 있고, with 뒤에 명사를 넣어 더 구체적으로 무엇을 끝냈는지 표현할 수도 있습니다.

STEP 1 문장 익히기 10번 반복해서 큰 소리로 읽어보며 내 것으로 만듭니다.

✓ 10번 반복 체크! ① ② ③ ④ ⑤ ⑥ ⑦ ⑧ ⑨ ⑩

I'm done.	나 다 끝냈어. / 다 먹었어요.
I'm done with you.	난 너랑 끝이야.
I'm done with dinner.	나 저녁 다 먹었어.
I'm done with my homework.	나 숙제 다 끝냈어.
I'm done with today's paper.	나 오늘 신문 다 봤어.
I'm done with the dishes.	나 설거지 다 했어.
I'm done with my chores.	나 집안일 다 끝냈어.

STEP 2 입으로 말하기 3초 안에 영어로 말할 수 없다면 다시 STEP 1에서 연습합니다.

나 다 끝냈어. / 다 먹었어요. 🔊 　　나 오늘 신문 다 봤어. 🔊

난 너랑 끝이야. 🔊 　　　　　　　나 설거지 다 했어. 🔊

나 저녁 다 먹었어. 🔊 　　　　　　나 집안일 다 끝냈어. 🔊

나 숙제 다 끝냈어. 🔊

STEP 3 실전 대화에서 연습하기 학습한 문장을 활용하여 실전 대화 연습을 합니다.

Emmy　Would you like to have more bread?
John　No, thanks. 다 먹었어요. →

Emmy　I can't stand you anymore. 난 너랑 끝이야. →
John　I'm so sorry. Please give me another chance.

Emmy　빵 더 드시겠어요?
John　아니, 괜찮아요. 다 먹었어요. → I'm done.

Emmy　나 더 이상 못 참아. 난 너랑 끝이야. → I'm done with you.
John　정말 미안해. 한 번만 더 기회를 줘.

Emmy 선생님의 tip!

〈paper〉는 종이 외에도 '신문, 서류, 논문' 등의 다양한 의미로 쓸 수 있어요. 종이일 경우는 셀 수 없는 명사 paper를 사용하고 '종이 한 장'은 a piece[sheet] of paper를 사용해요.

I want to draw a picture. Do you have some **paper**? 　　나 그림 그리고 싶은데 종이 좀 있어?

신문 newspaper = paper로 표현할 수 있어요.
I'm done with today's **paper**. 　　나 오늘 신문 다 읽었어.

대학에서 교수가 내주는 과제, 주제에 대해 조사·분석하는 에세이는 research paper라고 해요.
My research **paper** is due tomorrow. 　　내 리포트 내일까지야.

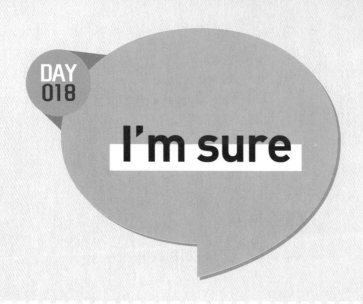

I'm sure

sure은 '당연하지'의 뜻으로 상대방의 질문에 대답할 때 많이 사용하는데요. **I'm sure**은 '난 ~할 거라고 확신해, 분명히 ~일 거야, 틀림없이 ~야'의 의미로 확실하게 알고 있거나 자신 있을 때 사용합니다. 구체적인 이유를 말할 때는 보통 접속사 that을 생략하고 ⟨I'm sure (that)+주어+동사⟩로 씁니다.

 **STEP 1 문장 익히기** 10번 반복해서 큰 소리로 읽어보며 내 것으로 만듭니다.

✓ 10번 반복 체크! ① ② ③ ④ ⑤ ⑥ ⑦ ⑧ ⑨ ⑩

I'm sure I can handle it.	틀림없이 내가 해결할 수 있어.
I'm sure you can do it.	넌 분명히 할 수 있을 거야.
I'm sure she likes you.	그 애가 너를 좋아하는 게 확실해.
I'm sure you'll like it.	넌 분명히 좋아할 거야.
I'm sure she'll come.	그 애가 올 거라고 확신해.
I'm sure it's over.	끝난 거 확실해.
I'm sure I'll be fine.	나 분명 괜찮을 거야.

틀림없이 내가 해결할 수 있어.

그 애가 올 거라고 확신해.

넌 분명히 할 수 있을 거야.

끝난 거 확실해.

그 애가 너를 좋아하는 게 확실해.

나 분명 괜찮을 거야.

넌 분명히 좋아할 거야.

STEP 3 실전 대화에서 연습하기 학습한 문장을 활용하여 실전 대화 연습을 합니다.

Emmy I'm so worried about my test.
John 넌 분명히 할 수 있을 거야. ➡

Emmy Do you want to come to a movie premiere tonight?
넌 분명히 좋아할 거야. ➡
John I'd love to. See you there.

Emmy 나 시험 너무 걱정돼.
John 넌 분명히 할 수 있을 거야. ➡ I'm sure you can do it.

Emmy 오늘 밤 영화 시사회 올래? 넌 분명히 좋아할 거야. ➡ I'm sure you'll like it.
John 너무 좋아. 거기서 만나.

Emmy 선생님의 tip!

미국에서 '극장에 가다, 영화를 보러 가다'는 보통 go to the movies처럼 복수(the movies)로 써요. 영국에서는 보통 go to the cinema라고 해요.
watch a movie ⓥⓢ see a movie
〈watch a movie〉는 집에서 TV나 컴퓨터로 영화를 보는 것을 말하고, 〈see a movie〉는 극장에 가서 영화를 보는 것을 말해요.
premiere ⓥⓢ preview
〈premiere〉는 '(영화의) 첫 상영'을 말해요. 영화배우들이 레드 카펫으로 등장하고, 영화 시상식처럼 많은 기자도 참여해요. 우리가 흔히 말하는 영화 상영 전의 '시사회'는 〈preview〉에요.
I went to the preview and the movie was awesome.
나 영화 시사회 다녀왔는데 영화 대박이었어.

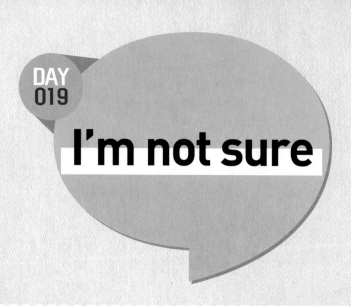

DAY
019

I'm not sure

확신이 안 서는 상황이어서 '잘 모르겠어, 글쎄 확실하지 않아'라고 표현할 때 사용합니다. 구체적으로 표현할 때는 〈I'm not sure+if〉를 사용하여 '〜인지 아닌지 잘 모르겠어' 혹은 〈I'm not sure+의문사^{what, when, where, who, how, why}+주어+동사〉 형태의 문장을 사용합니다.

 **STEP 1 문장 익히기** 10번 반복해서 큰 소리로 읽어보며 내 것으로 만듭니다.

✓ 10번 반복 체크! 1 2 3 4 5 6 7 8 9 10

I'm not sure.	잘 모르겠어. / 확실하지 않아.
I'm not sure if I can do that.	내가 그걸 할 수 있을지 잘 모르겠어.
I'm not sure if he'll come.	그 애가 올지 안 올지 잘 모르겠어.
I'm not sure why.	왠지 잘 모르겠어.
I'm not sure what to do.	뭘 해야 할지 잘 모르겠어.
I'm not sure what this means.	이게 무슨 뜻인지 잘 모르겠어.
I'm not sure who she is.	그 애가 누군지 잘 모르겠어.

잘 모르겠어. / 확실하지 않아. 🔊   뭘 해야 할지 잘 모르겠어. 🔊

내가 그걸 할 수 있을지 잘 모르겠어. 🔊   이게 무슨 뜻인지 잘 모르겠어. 🔊

그 애가 올지 안 올지 잘 모르겠어. 🔊   그 애가 누군지 잘 모르겠어. 🔊

왠지 잘 모르겠어. 🔊

STEP 3 실전 대화에서 연습하기   학습한 문장을 활용하여 실전 대화 연습을 합니다.

Emmy Do you think it is going to rain tonight?
John 잘 모르겠어. →

Emmy Do you know why Kate quit her job?
John 왠지 잘 모르겠어. →

Emmy 오늘 밤에 비가 올 것 같아?
John 잘 모르겠어. → I'm not sure.

Emmy 왜 케이트가 일을 그만두었는지 알아?
John 왠지 잘 모르겠어. → I'm not sure why.

Emmy 선생님의 tip!

〈sure〉은 회화에서 정말 많이 사용해요. I'm (not) sure 패턴 외에도 다양하게 쓰이는 유용한 표현을 알아보아요.

Be <u>sure</u> to get a receipt.   영수증을 꼭 받아주세요.

Q: It is freezing today, isn't it?   오늘 정말 춥다, 그렇지?
A: It <u>sure</u> is.   맞아.

비슷한 표현으로는 That's right, You're right, Certainly, Of course가 있어요.

☞ **1** 다음 문장을 3초 안에 바로 말해볼까요?

❶ 나 영어 잘해.

❷ 나는 바느질을 잘해.

❸ 나 완전 괜찮아.

❹ 나 완전 신나.

❺ 나 조금 바빠.

❻ 나 조금 긴장돼.

❼ 나 지금 자려던 참이야.

❽ 나 지금 커피 마시러 가던 길인데.

❾ 나 야구에 관심 있어.

❿ 나 여행에 관심 있어.

☆ 이렇게 말하면 돼요!

❶ I'm good at English.
❷ I'm good at sewing.
❸ I'm totally fine.
❹ I'm totally excited.
❺ I'm kind of busy.

❻ I'm kind of nervous.
❼ I'm about to go to bed.
❽ I'm about to get some coffee.
❾ I'm interested in baseball.
❿ I'm interested in traveling.

⓫ 난 내 미래가 걱정돼.

⓬ 나 살찔까 봐 걱정돼.

⓭ 나는 에미를 만나기로 되어 있어.

⓮ 내가 그 애에게 전화하기로 했어.

⓯ 난 너랑 끝이야.

⓰ 나 숙제 다 끝냈어.

⓱ 틀림없이 내가 해결할 수 있어.

⓲ 끝난 거 확실해.

⓳ 왠지 잘 모르겠어.

⓴ 뭘 해야 할지 잘 모르겠어.

⭐ 이렇게 말하면 돼요!

⓫ I'm worried about my future.
⓬ I'm worried about gaining weight.
⓭ I'm supposed to meet Emmy.
⓮ I'm supposed to call him.
⓯ I'm done with you.

⓰ I'm done with my homework.
⓱ I'm sure I can handle it.
⓲ I'm sure it's over.
⓳ I'm not sure why.
⓴ I'm not sure what to do.

Emmy My computer crashed again.
내 컴퓨터 또 다운됐어.

John Let me help you. **❶** ------------------------------
내가 도와줄게. 나는 컴퓨터를 잘해.

Emmy How was your day?
오늘 하루 어땠어?

John I had a tough day today. **❷** ------------------------------
오늘 힘든 날이었어. 나 완전 지쳤어.

Emmy **❸** ------------------------------
나 약간 배고파.

John Do you want to grab a bite?
뭐 좀 간단히 먹으러 갈래?

Emmy Hey, what are you doing?
안녕, 뭐 하고 있어?

John **❹** ------------------------------ What's up?
나 지금 나가려던 참이야. 무슨 일이야?

Emmy **❺** ------------------------------
나 그 애한테 관심 있어.

John Why don't you ask him out?
그럼 데이트 신청해 보는 건 어때?

☆ 이렇게 말하면 돼요!

❶ I'm good at using a computer.
❷ I'm totally beat.
❸ I'm kind of hungry.
❹ I'm about to leave.
❺ I'm interested in him.

Emmy Are you okay, John? ❻ _____
존, 너 괜찮니? 난 네가 걱정돼.

John I'm kind of nervous.
나 조금 긴장돼.

Emmy What are you going to do this weekend?
이번 주말에 뭐 할 거야?

John ❼ _____
나 여행 가기로 되어 있어.

Emmy Would you like to have more bread?
빵 더 드시겠어요?

John No, thanks. ❽ _____
아니, 괜찮아요. 다 먹었어요.

Emmy I'm so worried about my test.
나 시험 너무 걱정돼.

John ❾ _____
넌 분명히 할 수 있을 거야.

Emmy Do you think it is going to rain tonight?
오늘 밤에 비가 올 것 같아?

John ❿ _____
잘 모르겠어.

☆ 이렇게 말하면 돼요!

❻ I'm worried about you.
❼ I'm supposed to go on a trip.
❽ I'm done.
❾ I'm sure you can do it.
❿ I'm not sure.

be동사로
말하기 (3)
I'm 동사원형ing

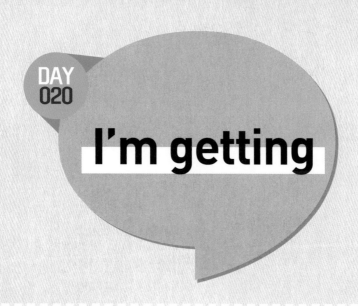

DAY 020

I'm getting

〈I'm+동사원형ing〉는 '나 지금 ~하고 있어'라는 의미이고 동사 get은 '(어떤 상태가) 되다'라는 뜻입니다. **I'm getting**으로 '나 점점 ~해지고 있어'라는 상태 변화를 좀 더 구체적으로 표현할 수 있습니다.

 **STEP 1** **문장 익히기**   10번 반복해서 큰 소리로 읽어보며 내 것으로 만듭니다.

✓ 10번 반복 체크! ① ② ③ ④ ⑤ ⑥ ⑦ ⑧ ⑨ ⑩

I'm getting tired.	나 점점 피곤해져.
I'm getting better.	나 점점 나아지고 있어.
I'm getting hungry.	나 점점 배가 고파지는데.
I'm getting fat.	나 점점 살이 찌고 있어.
I'm getting lazy.	나 점점 게을러져.
I'm getting ready for work.	나 출근 준비 중이야.
I'm getting sick of this work.	나 이 일이 점점 싫증 나.

STEP 2 입으로 말하기

3초 안에 영어로 말할 수 없다면 다시 STEP 1에서 연습합니다.

나 점점 피곤해져.　🔊

나 점점 나아지고 있어.　🔊

나 점점 배가 고파지는데.　🔊

나 점점 살이 찌고 있어.　🔊

나 점점 게을러져.　🔊

나 출근 준비 중이야.　🔊

나 이 일이 점점 싫증 나.　🔊

STEP 3 실전 대화에서 연습하기

학습한 문장을 활용하여 실전 대화 연습을 합니다.

Emmy It's late and 나 점점 피곤해져. →

John Let's call it a day.

Emmy What's wrong? Are you okay?

John 나 이 일이 점점 싫증 나. →

Emmy 시간이 늦었어 그리고 나 점점 피곤해져. → I'm getting tired.

John 오늘 이만 퇴근하자.

Emmy 왜 그래? 괜찮아?

John 나 이 일이 점점 싫증 나. → I'm getting sick of this work.

Emmy 선생님의 tip!

〈sick〉은 '아픈, 속이 안 좋은'이라는 뜻인데요, be sick of는 '~에 질렸어, 지긋지긋해, 싫증 난다'라는 표현이에요. 더 강조하여 be sick and tired of라고 표현할 수 있어요.

I'm sick of you.	난 네가 지긋지긋해.
I'm sick of your lies.	난 네 거짓말에 질렸어.
I'm sick of everything.	난 모든 게 다 지긋지긋해.
I'm sick and tired of rainy days.	비 오는 날씨에 질렸어.

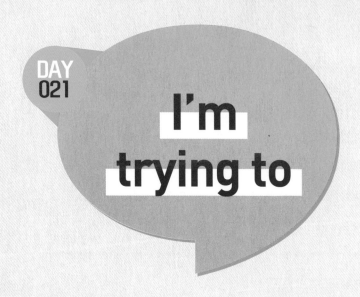

DAY 021

I'm trying to

'~하기 위해 노력하다[애쓰다]'라는 표현입니다. 〈I'm trying to+동사원형〉으로 씁니다.

 **STEP 1 문장 익히기**   10번 반복해서 큰 소리로 읽어보며 내 것으로 만듭니다.

✓ 10번 반복 체크! 1 2 3 4 5 6 7 8 9 10

I'm trying to sleep.	난 자려고 노력하고 있어.
I'm trying to review.	난 복습하려고 노력하고 있어.
I'm trying to help you.	난 널 도와주려고 노력하고 있어.
I'm trying to lose weight.	난 살을 빼려고 노력 중이야.
I'm trying to forget him.	난 그를 잊으려고 노력 중이야.
I'm trying to quit smoking.	난 담배를 끊으려고 노력 중이야.
I'm trying to cut down on sugar.	난 당분 섭취를 줄이려고 애쓰는 중이야.

3초 안에 영어로 말할 수 없다면 다시 STEP 1에서 연습합니다.

난 자려고 노력하고 있어. 🔊

난 복습하려고 노력하고 있어. 🔊

난 널 도와주려고 노력하고 있어. 🔊

난 살을 빼려고 노력 중이야. 🔊

난 그를 잊으려고 노력 중이야. 🔊

난 담배를 끊으려고 노력 중이야. 🔊

난 당분 섭취를 줄이려고 애쓰는 중이야. 🔊

학습한 문장을 활용하여 실전 대화 연습을 합니다.

Emmy 난 널 도와주려고 노력하고 있어. →

John Well, I don't need your help. I'm sure I can handle it.

Emmy 난 그를 잊으려고 노력 중이야. →

John Hang in there! Time heals all wounds.

Emmy 난 널 도와주려고 노력하고 있어. → I'm trying to help you.

John 난 네 도움 필요 없어. 틀림없이 내가 해결할 수 있어.

Emmy 난 그를 잊으려고 노력 중이야. → I'm trying to forget him.

John 조금만 버텨! 시간이 약이더라.

Emmy 선생님의 tip!

〈~을 그만두다〉라는 의미를 나타낼 때 stop과 quit을 사용하는데, 각각 의미가 달라요. 우선, 〈stop〉은 하던 일을 멈추는 상황으로 잠시 멈춤이고, 〈quit〉은 두 번 다시 안 할, 완전히 그만 두는 것이에요.

I quit smoking last year.   전 작년에 담배 끊었어요.
I want to quit my job.   나 회사 그만두고 싶어.
I stopped laughing.   난 웃는 걸 멈췄어.

DAY 022

I'm doing

일반동사 do는 '~을 하다'라는 뜻의 가장 기본 동사로 다른 단어들과 결합하여 다양한 뜻을 만듭니다. **I'm doing**으로 쓰고, '지금 ~을 하고 있다'라고 해석합니다.

 **STEP 1 문장 익히기** 10번 반복해서 큰 소리로 읽어보며 내 것으로 만듭니다.

✓ 10번 반복 체크! 1 2 3 4 5 6 7 8 9 10

I'm doing good.	난 잘하고 있어. / 난 잘 지내고 있어.
I'm doing my best.	난 최선을 다하고 있어.
I'm doing my hair.	난 머리 손질하고 있는 중이야.
I'm doing my nails.	나 손톱 손질하고 있어.
I'm doing the dishes.	나 설거지하고 있어.
I'm doing the laundry.	나 빨래하고 있어.
I'm just doing my job.	전 제가 할 일을 하는 것뿐이에요.

난 잘하고 있어. / 난 잘 지내고 있어. 📢

난 최선을 다하고 있어. 📢

난 머리 손질하고 있는 중이야. 📢

나 손톱 손질하고 있어. 📢

나 설거지하고 있어. 📢

나 빨래하고 있어. 📢

전 제가 할 일을 하는 것뿐이에요. 📢

STEP 3 실전 대화에서 연습하기   학습한 문장을 활용하여 실전 대화 연습을 합니다.

Emmy   How's your work going?
John   난 최선을 다하고 있어. →

Emmy   Thank you, I really appreciate it.
John   전 제가 할 일을 하는 것뿐이에요. →
       Anything else I can help you with?

Emmy   일은 어떻게 되고 있어?
John   난 최선을 다하고 있어. → I'm doing my best.

Emmy   고마워요, 정말 감사합니다.
John   전 제가 할 일을 하는 것뿐이에요. → I'm just doing my job.
       뭐 또 도와드릴 일은 없나요?

Emmy 선생님의 tip!

고마움을 표현할 때, 보통 thank you를 가장 많이 사용해요. appreciate it을 사용하여 더 정중하게 감사함을 표현할 수 있어요. 회화체에서 Thanks 혹은 Appreciate it 이렇게 주어를 빼고 간단하게도 말해요.

Do my hair[nails]는 '내 머리[손톱]를 만지다/손질하다/치장하다'라는 뜻으로 쓸 수 있는 표현이에요. 단순히 '만지다'라는 의미로 touch를 사용하면 '(손으로 살짝) 만지다, (머리가 되어 있는 상태에서) 손만 보다'라는 표현이에요.

I should do my hair before going out.   나 나가기 전에 머리 손질해야겠다.
I do my nails every weekend.   나 주말마다 손톱 손질해.

DAY 023

I'm looking forward to

앞으로 일어날 일에 대해 긍정적으로 기대할 때 **I'm looking forward to**라고 쓸 수 있습니다. 부사 forward가 '앞으로'라는 뜻이므로 '앞으로 ~가 기대돼, ~을 바라'라는 뜻입니다. to 뒤에는 명사나 동사원형ing를 써야 합니다.

 **STEP 1 문장 익히기**   10번 반복해서 큰 소리로 읽어보며 내 것으로 만듭니다.

✓ 10번 반복 체크! 1 2 3 4 5 6 7 8 9 10

I'm looking forward to the party.	파티가 기대돼.
I'm looking forward to Friday night.	금요일 밤이 기다려져.
I'm looking forward to my vacation.	휴가가 기다려져.
I'm looking forward to going to Paris.	파리에 가는 것이 기다려져.
I'm looking forward to seeing you soon.	널 곧 다시 만나기를 기대해.
I'm looking forward to watching the baseball game.	야구 경기 볼 게 기대돼.
I'm looking forward to hearing from you.	너에게서 소식 들을 수 있길 기대해.

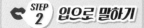

STEP 2 입으로 말하기

3초 안에 영어로 말할 수 없다면 다시 STEP 1에서 연습합니다.

파티가 기대돼. 🔊

금요일 밤이 기다려져. 🔊

휴가가 기다려져. 🔊

파리에 가는 것이 기다려져. 🔊

널 곧 다시 만나기를 기대해. 🔊

야구 경기 볼 게 기대돼. 🔊

너에게서 소식 들을 수 있길 기대해. 🔊

STEP 3 실전 대화에서 연습하기

학습한 문장을 활용하여 실전 대화 연습을 합니다.

Emmy Can you come to my party this weekend?
John   Of course. 파티가 기대돼. →

Emmy 파리에 가는 것이 기다려져. →
John   We'll have a great time.

Emmy 이번 주말에 파티 올 수 있어?
John   당연하지. 파티가 기대돼. → I'm looking forward to the party.

Emmy 파리에 가는 것이 기다려져. → I'm looking forward to going to Paris.
John   우리 정말 좋은 시간을 보낼 거야.

Emmy 선생님의 tip!

보통 〈기대하다〉는 look forward to와 expect를 사용하는데 해석은 같지만 두 표현은 다르게 쓰여요. 〈look forward to〉는 설레는 마음으로 '~을 (엄청나게) 기대하다'라고 해석하고, 〈expect〉는 미래를 '예상하다, 내다보다'라고 해석해요.

I'm looking forward to next class.   다음 수업이 기대돼요.
I didn't expect to see you here.   널 여기서 볼 줄 생각도 못 했어.
                                        (널 여기서 볼 줄 예상도 못 했어.)

I'm thinking of

DAY 024

'지금 (~할까) 생각 중이야'라는 표현으로 새로운 것을 생각하거나 계획할 때 사용할 수 있습니다. 전치사 of 뒤에는 명사 혹은 동사원형ing를 써야 합니다.

STEP 1 문장 익히기 10번 반복해서 큰 소리로 읽어보며 내 것으로 만듭니다.

✓ 10번 반복 체크! ① ② ③ ④ ⑤ ⑥ ⑦ ⑧ ⑨ ⑩

I'm thinking of you.	나 네 생각 중이야.
I'm thinking of buying a car.	차를 살까 생각 중이야.
I'm thinking of going to Australia.	호주에 갈까 생각 중이야.
I'm thinking of quitting my job.	일을 그만둘까 생각 중이야.
I'm thinking of ordering a pizza.	피자를 시킬까 생각 중이야.
I'm thinking of getting a haircut.	머리를 자를까 생각 중이야.
I'm thinking of taking an English class.	영어 수업을 들을까 생각 중이야.

STEP 2 입으로 말하기

3초 안에 영어로 말할 수 없다면 다시 STEP 1에서 연습합니다.

나 네 생각 중이야. 🔊　　　피자를 시킬까 생각 중이야. 🔊

차를 살까 생각 중이야. 🔊　　　머리를 자를까 생각 중이야. 🔊

호주에 갈까 생각 중이야. 🔊　　　영어 수업을 들을까 생각 중이야. 🔊

일을 그만둘까 생각 중이야. 🔊

STEP 3 실전 대화에서 연습하기

학습한 문장을 활용하여 실전 대화 연습을 합니다.

Emmy　차를 살까 생각 중이야. →

John　Do you have something in mind?

Emmy　머리를 자를까 생각 중이야. →

　　　What do you think?

John　I don't think you should. I like your hair.

Emmy　차를 살까 생각 중이야. → I'm thinking of buying a car.

John　너 생각해 둔 것 있어?

Emmy　머리를 자를까 생각 중이야. → I'm thinking of getting a haircut.
　　　어떻게 생각해?

John　안 자르는 게 좋을 것 같은데. 난 네 머리 스타일 좋아.

> **Emmy 선생님의 tip!**
>
> 일반적으로 '수업을 듣다, 수강하다'는 〈take a class〉에요.
>
> I take an English class.　　　　　　나 영어 수업 들어.
> I'll take a guitar class next month.　나 다음 달에 기타 수업 들을 거야.
>
> 참고로 〈listen to〉는 '귀를 기울여 듣다, 집중해서 소리를 듣다'라고 해석돼요.
>
> I listened to the music.　　　난 음악을 들었어.
> Listen to your teacher.　　　선생님 말씀 들어.

DAY 025
I'm working on

'~을 진행 중이야, 지금 ~을 하는 중이야, ~하려고 노력하는 중이야'를 뜻합니다. 전치사 on 뒤에 사람 명사를 써서 '~를 설득하려고 노력하다'라는 의미를 표현할 수 있습니다.

 **STEP 1 문장 익히기**   10번 반복해서 큰 소리로 읽어보며 내 것으로 만듭니다.

✓ 10번 반복 체크! ① ② ③ ④ ⑤ ⑥ ⑦ ⑧ ⑨ ⑩

I'm working on it.	열심히 하고 있는 중이야.
I'm working on him.	나는 그를 설득 중이야.
I'm working on my computer.	나는 컴퓨터로 일하고 있는 중이야.
I'm working on my homework.	나는 숙제를 하는 중이야.
I'm working on my résumé.	나는 이력서를 쓰고 있는 중이야.
I'm working on a solution.	나는 해결책을 찾으려고 노력 중이야.
I'm working on making new friends.	나는 새로운 친구를 사귀고 있는 중이야.

열심히 하고 있는 중이야. 🔊

나는 그를 설득 중이야. 🔊

나는 컴퓨터로 일하고 있는 중이야. 🔊

나는 숙제를 하는 중이야. 🔊

나는 이력서를 쓰고 있는 중이야. 🔊

나는 해결책을 찾으려고 노력 중이야. 🔊

나는 새로운 친구를 사귀고 있는 중이야. 🔊

STEP 3 실전 대화에서 연습하기
학습한 문장을 활용하여 실전 대화 연습을 합니다.

Emmy How's the project going?

John Don't worry about that. 열심히 하고 있는 중이야. ➡

Emmy How's your new school? Is everything okay?

John So far, so good. 나는 새로운 친구를 사귀고 있는 중이야. ➡

Emmy 프로젝트는 잘돼 가?

John 걱정하지 마. 열심히 하고 있는 중이야. ➡ I'm working on it.

Emmy 새로운 학교는 어때? 모든 게 괜찮니?

John 지금까진 괜찮아. 나는 새로운 친구를 사귀고 있는 중이야. ➡ I'm working on making new friends.

Emmy 선생님의 tip!

〈work〉는 '일하다'뿐만 아니라 다양한 뜻으로 쓰이는데요. 먼저, '기능을 하다, ~을 작동하다'라는 뜻이 있어요.

My laptop isn't working.
Come on, that's not gonna work.

내 노트북 작동이 안 돼.
아니, 그렇게는 안 될 거야.

또한, 〈work it out〉에서는 '해결하다'라는 뜻도 있습니다.

I'll work it out.
If it's just a little disagreement, can't you just work it out?

내가 해결할 거야.
만약에 그냥 사소한 말다툼이라면, 그냥 화해(해결)하면 안 돼요?

DAY 026
I'm telling you

'나 진심이야, 장난하는 거 아니야'의 뜻으로 내 말을 강조하고 싶을 때 쓸 수 있습니다. telling은 단순히 '말하는 중'이 아닌, '진심으로 말하고 있는' 또는 '내가 너한테 경고하고 있는'으로 해석이 가능합니다. 〈I'm telling you+명사〉 또는 〈I'm telling you, 주어+동사〉로 쓸 수 있습니다.

 **STEP 1 문장 익히기**   10번 반복해서 큰 소리로 읽어보며 내 것으로 만듭니다.

✓ 10번 반복 체크! ① ② ③ ④ ⑤ ⑥ ⑦ ⑧ ⑨ ⑩

I'm telling you!	정말이라니깐!
I'm telling you the truth.	나 정말로 사실을 말하고 있어.
I'm telling you, I'm hungry.	나 정말로 배고프단 말이야.
I'm telling you, I mean it.	나 정말 진심이야.
I'm telling you, she's cool.	정말인데, 그 애 괜찮은 사람이야.
I'm telling you, don't bug me.	정말인데, 나 귀찮게 하지 마.
I'm telling you, something is going on.	정말인데, 뭔가가 있어.

정말이라니깐! 🔊

나 정말로 사실을 말하고 있어. 🔊

나 정말로 배고프단 말이야. 🔊

나 정말 진심이야. 🔊

정말인데, 그 애 괜찮은 사람이야. 🔊

정말인데, 나 귀찮게 하지 마. 🔊

정말인데, 뭔가가 있어. 🔊

STEP 3 실전 대화에서 연습하기 학습한 문장을 활용하여 실전 대화 연습을 합니다.

Emmy	나 정말로 사실을 말하고 있어. →
John	I don't buy it.
Emmy	정말인데, 나 귀찮게 하지 마. →
John	Sorry, I didn't mean it.

Emmy	나 정말로 사실을 말하고 있어. → I'm telling you the truth.
John	나 못 믿겠어.
Emmy	정말인데, 나 귀찮게 하지 마. → I'm telling you, don't bug me.
John	미안, 일부러 그런 건 아니야.

Emmy 선생님의 tip!

〈I don't buy it〉에서 buy를 '사다'로 직역해 버리면 '나 그거 안 사'라는 어색한 표현이 되는데요. '(물건을 못 믿어서, 신뢰가 없어서) 안 사' 또는 '(어떤 이야기를) 믿지 않겠어[못 믿겠어]'라고 해석해요.

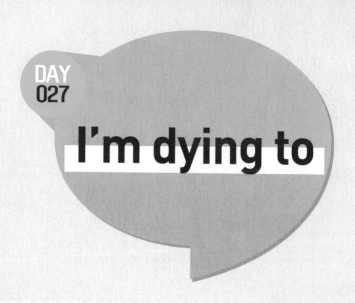

DAY 027

I'm dying to

dying을 사용하여 좋아하는 어떤 일을 너무나 하고 싶을 때 '나 ~하고 싶어 죽겠어'
라고 쓸 수 있습니다. 〈I'm dying to+동사원형〉으로 사용합니다.

STEP 1 문장 익히기   10번 반복해서 큰 소리로 읽어보며 내 것으로 만듭니다.

✓ 10번 반복 체크! ① ② ③ ④ ⑤ ⑥ ⑦ ⑧ ⑨ ⑩

I'm dying to know.	나 궁금해 죽겠어.
I'm dying to see you.	나 네가 보고 싶어 죽겠어.
I'm dying to eat pizza.	나 피자 먹고 싶어 죽겠어.
I'm dying to buy the bag.	나 그 가방 사고 싶어 죽겠어.
I'm dying to go traveling.	나 여행 가고 싶어 죽겠어.
I'm dying to watch the TV show.	나 그 드라마 보고 싶어 죽겠어.
I'm dying to learn more about you.	나 너에 대해 더 알고 싶어 죽겠어.

나 궁금해 죽겠어. 🔊 　　　나 여행 가고 싶어 죽겠어. 🔊

나 네가 보고 싶어 죽겠어. 🔊 　　나 그 드라마 보고 싶어 죽겠어. 🔊

나 피자 먹고 싶어 죽겠어. 🔊 　　나 너에 대해 더 알고 싶어 죽겠어. 🔊

나 그 가방 사고 싶어 죽겠어. 🔊

STEP 3 **실전 대화에서 연습하기** 학습한 문장을 활용하여 실전 대화 연습을 합니다.

Emmy 나 네가 보고 싶어 죽겠어. →
When are you coming back?

John I'll be there in a week.

Emmy 나 피자 먹고 싶어 죽겠어. →
John I'm about to get some food. Let's order a pizza.

Emmy 나 네가 보고 싶어 죽겠어. → I'm dying to see you.
언제 돌아올 거야?
John 일주일 후에 돌아가.

Emmy 나 피자 먹고 싶어 죽겠어. → I'm dying to eat pizza.
John 나 지금 뭐 먹으러 가려던 길인데. 피자 시켜 먹자.

Emmy 선생님의 tip!

〈drama〉는 영화의 한 장르로, 현실에서 실제로 일어날 법한 등장인물과 소재로 이루어진 영화의 장르예요. 그럼 우리가 보통 보는 TV 속의 드라마는 간단히 TV show 혹은 TV series라고 표현해요. 아침드라마처럼 막장 드라마는 soap opera라고 쓰기도 해요. 최근에는 한류 열풍으로 한국드라마를 하나의 장르로 K-drama, Korean Drama라고 말하는 외국인이 늘어나고 있어요.

I've been watching a <u>TV show</u> on Netflix.　나 넷플릭스에서 드라마 하나 보고 있어.

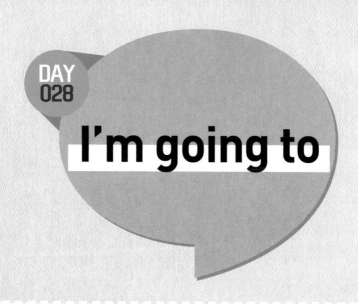

DAY 028

I'm going to

〈be going to+동사원형〉은 '~을 할 거야, ~할 예정이야'라는 미래의 표현으로 사용됩니다. 내가 이미 계획을 세워 놓은 미래 혹은 예측이 가능한 미래를 나타냅니다. 보통 원어민들은 going to를 gonna로 줄여서 많이 사용합니다.

STEP 1 문장 익히기   10번 반복해서 큰 소리로 읽어보며 내 것으로 만듭니다.

✓ 10번 반복 체크! ☐1 ☐2 ☐3 ☐4 ☐5 ☐6 ☐7 ☐8 ☐9 ☐10

I'm going to miss you.	네가 그리울 거야.
I'm going to watch a movie.	나 영화 볼 거야.
I'm going to go to Gangnam.	나 강남 갈 거야.
I'm going to hang out with my friends.	나 친구들하고 놀 거야.
I'm going to stay up all night.	나 밤을 새울 거야.
I'm going to wake up early tomorrow.	나 내일 일찍 일어날 거야.
I'm going to break up with my girlfriend.	나 여자친구랑 헤어질 거야.

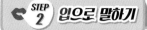
네가 그리울 거야. 🔊

나 영화 볼 거야. 🔊

나 강남 갈 거야. 🔊

나 친구들하고 놀 거야. 🔊

나 밤을 새울 거야. 🔊

나 내일 일찍 일어날 거야. 🔊

나 여자친구랑 헤어질 거야. 🔊

STEP 3 실전 대화에서 연습하기 학습한 문장을 활용하여 실전 대화 연습을 합니다.

Emmy	Goody bye. 네가 그리울 거야. →
John	Yeah, me too. Let's keep in touch.
Emmy	What are you going to do?
John	나 영화 볼 거야. →

Emmy	잘 있어. 네가 그리울 거야. → I'm going to miss you.
John	응, 나도 그래. 연락하고 지내자.
Emmy	뭐 할 거야?
John	나 영화 볼 거야. → I'm going to watch a movie.

Emmy 선생님의 tip!

will ☺ be going to

같은 미래의 표현이라고 잘못 알고 있는데, 구별해서 써야 해요. 우선, 이미 계획된 미래로 '~일 거야, ~할 거야'를 나타낼 때는 be going to를 사용해요. 그러나 will은 미리 계획되지 않은 미래로 지금 결정된 거죠. 예를 들어, 쇼핑하다가 마음에 든 물건을 발견했을 때, I'll take it(나 저거 살래) 혹은 도움이 필요한 친구에게 I'll help you(내가 도와줄게)라고 말하는 경우처럼 내 의지를 전달할 때 많이 사용해요.

1 다음 문장을 3초 안에 바로 말해볼까요?

❶ 나 점점 피곤해져.

❷ 나 점점 나아지고 있어.

❸ 난 널 도와주려고 노력하고 있어.

❹ 난 담배를 끊으려고 노력 중이야.

❺ 난 최선을 다하고 있어.

❻ 나 설거지하고 있어.

❼ 파리에 가는 것이 기다려져.

❽ 널 곧 다시 만나기를 기대해.

❾ 나 네 생각 중이야.

☆ 이렇게 말하면 돼요!

❶ I'm getting tired.
❷ I'm getting better.
❸ I'm trying to help you.
❹ I'm trying to quit smoking.
❺ I'm doing my best.
❻ I'm doing the dishes.
❼ I'm looking forward to going to Paris.
❽ I'm looking forward to seeing you soon.
❾ I'm thinking of you.

⑩ 머리를 자를까 생각 중이야.

⑪ 나는 이력서를 쓰고 있는 중이야.

⑫ 나는 새로운 친구를 사귀고 있는 중이야.

⑬ 나 정말로 사실을 말하고 있어.

⑭ 정말인데, 그 애 괜찮은 사람이야.

⑮ 나 궁금해 죽겠어.

⑯ 나 그 가방 사고 싶어 죽겠어.

⑰ 네가 그리울 거야.

⑱ 나 친구들하고 놀 거야.

☆ 이렇게 말하면 돼요!

⑩ I'm thinking of getting a haircut.
⑪ I'm working on my résumé.
⑫ I'm working on making new friends.
⑬ I'm telling you the truth.
⑭ I'm telling you, he(she)'s cool.
⑮ I'm dying to know.
⑯ I'm dying to buy the bag.
⑰ I'm going to miss you.
⑱ I'm going to hang out with my friends.

Emmy What's wrong? Are you okay?
왜 그래? 괜찮아?

John ❶ _____
나 이 일이 점점 싫증 나.

Emmy ❷ _____
난 그를 잊으려고 노력 중이야.

John Hang in there! Time heals all wounds.
조금만 버텨! 시간이 약이더라.

Emmy Thank you, I really appreciate it.
고마워요, 정말 감사합니다.

John ❸ _____
Anything else I can help you with?
전 제가 할 일을 하는 것뿐이에요. 뭐 또 도와드릴 일은 없나요?

Emmy Can you come to my party this weekend?
이번 주말에 파티에 올 수 있어?

John Of course. ❹ _____
당연하지. 파티가 기대돼.

Emmy ❺ _____
차를 살까 생각 중이야.

John Do you have something in mind?
너 생각해 둔 것 있어?

⭐ **이렇게 말하면 돼요!**

❶ I'm getting sick of this work.
❷ I'm trying to forget him.
❸ I'm just doing my job.
❹ I'm looking forward to the party.
❺ I'm thinking of buying a car.

Emmy How's the project going?
프로젝트는 잘돼 가?

John Don't worry about that. ❻ ------------------------------
걱정하지 마. 열심히 하고 있는 중이야.

Emmy ❼ ------------------------------
정말인데, 나 귀찮게 하지 마.

John Sorry, I didn't mean it.
미안, 일부러 그런 건 아니야.

Emmy ❽ ------------------------------
When are you coming back?
나 네가 보고 싶어 죽겠어. 언제 돌아올 거야?

John I'll be there in a week.
일주일 후에 돌아가.

Emmy What are you going to do?
뭐 할 거야?

John ❾ ------------------------------
나 영화 볼 거야.

★ 이렇게 말하면 돼요!

❻ I'm working on it.
❼ I'm telling you, don't bug me.
❽ I'm dying to see you.
❾ I'm going to watch a movie.

UNIT 4
기본 동사로
말하기 (1)

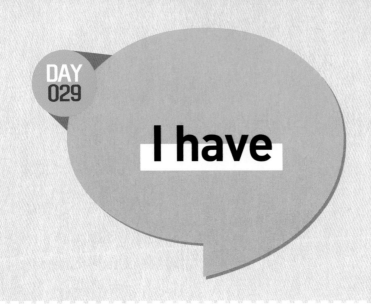

DAY 029
I have

have는 가장 많이 쓰이는 일반동사 중 하나인데, '~을 가지다[갖고 있다]'는 의미로 이미 가지고 있는 상태를 말합니다. 물건이나 상태, 상황 모두 가지고 있으므로 '~가 있다'로 해석하면 자연스럽습니다.

STEP 1 문장 익히기 10번 반복해서 큰 소리로 읽어보며 내 것으로 만듭니다.

✓ 10번 반복 체크! ① ② ③ ④ ⑤ ⑥ ⑦ ⑧ ⑨ ⑩

I have a plan.	나 계획이 있어.
I have a headache.	나 두통이 있어.
I have a cold.	나 감기 걸렸어.
I have a sweet tooth.	난 단 것 엄청 좋아해.
I have some questions.	나 질문이 좀 있어.
I have goose bumps.	나 닭살 돋았어. / 나 소름 돋았어.
I have butterflies in my stomach.	나 가슴이 두근거려. / 나 너무 긴장돼.

STEP 2 입으로 말하기

3초 안에 영어로 말할 수 없다면 다시 STEP 1에서 연습합니다.

나 계획이 있어. 📣

나 두통이 있어. 📣

나 감기 걸렸어. 📣

나 단 것 엄청 좋아해. 📣

나 질문이 좀 있어. 📣

나 닭살 돋았어. / 나 소름 돋았어. 📣

나 가슴이 두근거려. / 나 너무 긴장돼. 📣

STEP 3 실전 대화에서 연습하기

학습한 문장을 활용하여 실전 대화 연습을 합니다.

Emmy What kind of food do you like?

John I drink soda and eat candy all day.
나 단 것 엄청 좋아해. →

Emmy How do you feel?

John 제 가슴이 두근거려요. →

Emmy 어떤 종류의 음식 좋아해?

John 난 온종일 탄산음료를 마시고 사탕을 먹어.
나 단 것 엄청 좋아해. → I have a sweet tooth.

Emmy 기분이 어떠세요?

John 제 가슴이 두근거려요. → I have butterflies in my stomach.

Emmy 선생님의 tip!

〈I have butterflies in my stomach〉는 마치 뱃속에서 나비가 움직이는 간질간질한 느낌을 표현하는데요. 긴장이나 두려움 때문에 심장이나 맥박이 빨리 뛰는 느낌으로 '너무 긴장돼, 마음이 너무 조마조마해'라고 할 수 있어요. 혹은 좋아하는 사람을 봤을 때 설렘을 나타낼 수도 있지요. '그 애를 볼 때마다 가슴이 두근거려' 이렇게요.

I have something

something은 '무언가, 어떤 것'이라는 뜻입니다. **I have something**은 '난 ~ 할 것이 있어, 나는 어떤 것을 가지고 있어'라고 해석합니다. 〈I have something+to동사원형〉으로 씁니다.

STEP 1 문장 익히기   10번 반복해서 큰 소리로 읽어보며 내 것으로 만듭니다.

✓ 10번 반복 체크! ☐1 ☐2 ☐3 ☐4 ☐5 ☐6 ☐7 ☐8 ☐9 ☐10

I have something to do.	나 할 게 좀 있어.
I have something to eat.	나 먹을 것이 좀 있어.
I have something to tell you.	나 너한테 말할 게 있어.
I have something to give you.	나 너한테 줄 게 있어.
I have something to ask you.	나 너에게 물어볼 게 있어.
I have something to show you.	나 너에게 보여줄 게 있어.
I have something to explain to you.	나 너에게 설명할 게 있어.

나 할 게 좀 있어. 🔊   나 너에게 물어볼 게 있어. 🔊

나 먹을 것이 좀 있어. 🔊   나 너에게 보여줄 게 있어. 🔊

나 너한테 말할 게 있어. 🔊   나 너에게 설명할 게 있어. 🔊

나 너한테 줄 게 있어. 🔊

STEP 3 실전 대화에서 연습하기 학습한 문장을 활용하여 실전 대화 연습을 합니다.

Emmy Jenny and I are going to the movies tonight. Would you like to join us?

John I'd love to, but I can't. 나 할 게 좀 있어. →

Emmy 나 너에게 물어볼 게 있어. →

John Okay, I'll be with you in a second.

Emmy 제니랑 나 오늘 밤 영화 보러 갈 거야. 같이 갈래?
John 너무 가고 싶지만 못 가. 나 할 게 좀 있어. → I have something to do.

Emmy 나 너에게 물어볼 게 있어. → I have something to ask you.
John 알겠어. 잠시만 기다려줘.

Emmy 선생님의 tip!

〈say〉 '~라고 말하다'라는 뜻으로, 이야기하는 내용에 초점이 있어요.
I said that I was hungry.   나는 배가 고프다고 말했어.

〈tell〉 '(누군가에게 소식을 전달하고) 알리다'에요.
I told her that I was hungry.   나는 그 애에게 배고프다고 말했어.

〈speak〉 단순히 '말하다'에 초점이 있어요.
I speak English.   난 영어로 말할 수 있어.

〈talk〉 보통 '수다 떨다, ~와 대화하다'의 뜻으로 사용되고 대화하는 것이므로 상대가 있어요.
I am talking on the phone.   난 전화 통화 중이야.

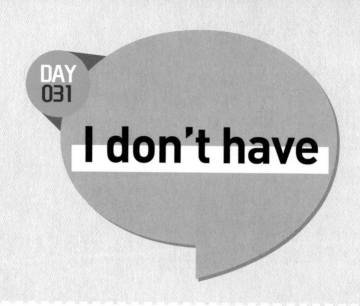

DAY 031

I don't have

일반동사 have의 부정문은 현재 시제일 때 동사 앞에 don't를 붙여서 만들 수 있습니다. '난 ~을 가지고 있지 않아요, 난 ~가 없어'라는 의미는 **I don't have**로 나타낼 수 있습니다.

 **STEP 1 문장 익히기**   10번 반복해서 큰 소리로 읽어보며 내 것으로 만듭니다.

✓ 10번 반복 체크! ☐1 ☐2 ☐3 ☐4 ☐5 ☐6 ☐7 ☐8 ☐9 ☐10

I don't have time.	나 시간이 없어.
I don't have money.	나 돈 없어.
I don't have a fever.	나 열은 없어.
I don't have a curfew.	난 통금이 없어.
I don't have an appetite.	난 식욕이 없어.
I don't have all day.	나 시간 많지 않아.
I don't have room for dessert.	난 배가 불러서 디저트 못 먹어.

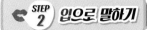

STEP 2 입으로 말하기

3초 안에 영어로 말할 수 없다면 다시 STEP 1에서 연습합니다.

나 시간이 없어. 📢   난 식욕이 없어. 📢

나 돈 없어. 📢   나 시간 많지 않아. 📢

나 열은 없어. 📢   난 배가 불러서 디저트 못 먹어. 📢

난 통금이 없어. 📢

STEP 3 실전 대화에서 연습하기

학습한 문장을 활용하여 실전 대화 연습을 합니다.

Emmy What time do you have to be home?
John Anytime. 난 통금이 없어. →

Emmy Who wants pizza?
John I'll pass. 난 식욕이 없어. →

Emmy 너 집에 몇 시까지 들어가야 해?
John 아무 때나. 난 통금이 없어. → I don't have a curfew.

Emmy 피자 먹을 사람?
John 난 안 먹을래. 난 식욕이 없어. → I don't have an appetite.

Emmy 선생님의 tip!

〈room〉은 '방'이라고 알고 있는데요. 방 외에 '자리. 공간'을 의미할 때도 사용 가능해요.

I don't have <u>room</u> for dessert.   나 디저트 들어갈 자리 없어.
I don't have <u>room</u> in my trunk.   트렁크에 자리 없어.
I need <u>room</u> for milk.   전 우유 넣을 공간이 필요해요.

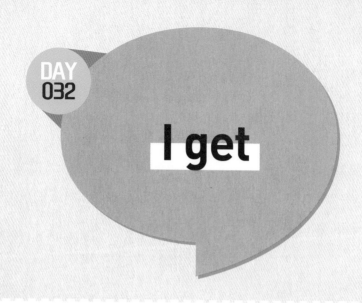

I get

일반동사 get은 '가지게 되다, 얻다'의 뜻입니다. 없던 게 생긴 느낌으로 기억하세요.
또한 감정이나 상황, 상태의 변화를 강조합니다. '~한 상황[상태]이 되다' 이렇게요.

 **STEP 1 문장 익히기** 10번 반복해서 큰 소리로 읽어보며 내 것으로 만듭니다.

✓ 10번 반복 체크! 1 2 3 4 5 6 7 8 9 10

I get it.	무슨 말인지 알겠어. / 이해했어.
I get nervous.	나 긴장돼.
I get lost.	나는 길을 잃어버렸어.
I get enough sleep.	난 잠을 충분히 자.
I get a lot of stress.	나는 스트레스를 많이 받아.
I get off at 6 p.m.	나는 저녁 6시에 퇴근해.
I get my teeth cleaned every year.	나는 매년 스케일링을 해.

STEP 2 입으로 말하기

3초 안에 영어로 말할 수 없다면 다시 STEP 1에서 연습니다.

무슨 말인지 알겠어. / 이해했어. 📢

나 긴장돼. 📢

나는 길을 잃어버렸어. 📢

난 잠을 충분히 자. 📢

나는 스트레스를 많이 받아. 📢

나는 저녁 6시에 퇴근해. 📢

나는 매년 스케일링을 해. 📢

STEP 3 실전 대화에서 연습하기

학습한 문장을 활용하여 실전 대화 연습을 합니다.

Emmy Are you ready for the presentation?
John 나 긴장돼. → Wish me luck.

Emmy How often do you go to the dentist?
John Once a year. 나는 매년 스케일링을 해. →

Emmy 너 발표 준비 됐어?
John 나 긴장돼. → I get nervous. 행운을 빌어줘.

Emmy 치과에 얼마나 자주 가?
John 일 년에 한 번. 나는 매년 스케일링을 해. → I get my teeth cleaned every year.

Emmy 선생님의 tip!

영어로 '출근하다, 퇴근하다'는 어떻게 표현할까요?

우선, '출근하다'는 〈go to work〉, 〈get to work〉에요.

I go to work at 7 a.m.　　　　　　　나는 오전 7시에 출근해.
How do you get to work?　　　　　어떻게 출근해?

'퇴근하다'는 〈get off〉인데요. '일에서 벗어나다'라고 이해해요. 또한 〈leave work〉, 〈leave the office〉라고 쓸 수도 있어요.

I get off at 6 p.m.　　　　　　　　나는 저녁 6시에 퇴근해.
I am ready to get off work now.　　나 지금 퇴근할 준비가 다 됐어.

DAY 033

I take

일반동사 take는 다양한 뜻으로 쓰입니다. '~을 잡다, ~을 획득하다'라는 뜻이 있습니다. 적극적으로 내 이익이나 목적을 위해 가져오는 느낌입니다. 구체적인 사물과 함께 쓰면 '~을 가져오다, ~을 이용하다'라고 해석됩니다. 그리고 특정한 활동과 함께 쓰면 '(샤워, 수업, 산책 등)을 하다'로도 쓰입니다.

 **STEP 1 문장 익히기**   10번 반복해서 큰 소리로 읽어보며 내 것으로 만듭니다.

✓ 10번 반복 체크! ☐1 ☐2 ☐3 ☐4 ☐5 ☐6 ☐7 ☐8 ☐9 ☐10

I take the subway.	난 지하철 타.
I take a vacation.	나 휴가 가.
I take a deep breath.	나는 심호흡을 해.
I take an English class.	나 영어 수업 들어.
I take a shower.	나 샤워해.
I take it back.	그 말 취소할게.
I take after my mother.	나는 엄마를 닮았어.

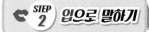

STEP 2 입으로 말하기   3초 안에 영어로 말할 수 없다면 다시 STEP 1에서 연습합니다.

난 지하철 타. 📢   나 샤워해. 📢

나 휴가 가. 📢   그 말 취소할게. 📢

나는 심호흡을 해. 📢   나는 엄마를 닮았어. 📢

나 영어 수업 들어. 📢

STEP 3 실전 대화에서 연습하기   학습한 문장을 활용하여 실전 대화 연습을 합니다.

Emmy   How do you go to work?
John   난 지하철 타. →

Emmy   나는 엄마를 닮았어. →
John   I can see that.

Emmy   너 회사에 어떻게 가?
John   난 지하철 타. → I take the subway.

Emmy   나는 엄마를 닮았어. → I take after my mother.
John   정말 그런 거 같네.

Emmy 선생님의 tip!

'지하철[버스]을 타다'를 영어로 어떻게 할까요?

〈take〉 동사를 써서 take a bus 또는 take the subway처럼 표현해요.
take는 타는 데 초점이 맞춰 있어요. '교통수단을 이용하다'라고 해석이 가능해요.

I should take a bus.   나는 버스를 타야 해.

〈get〉 동사를 써서 '지하철[버스]을 타다'를 표현하면 get on the subway[bus]에요. 반대말은 get off를 사용해요. 올라설 수 있는 교통수단(비행기, 버스, 기차)을 '타다/내리다'의 뜻으로 전치사 on과 off를 쓰고 get on과 get off는 타는 행동에 초점이 맞춰 있어요. '(교통수단)에 올라타다'라는 의미로 사용해요.

Get on this bus.   이 버스를 타.
Where do I have to get off?   저 어디서 내려야 하나요?

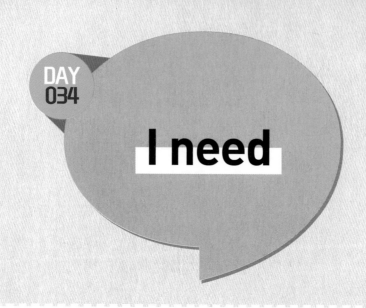

I need

일반동사 need는 '~이 필요하다'라는 뜻으로 무언가가 필요하다는 의미 외에
'~할 필요가 있다, ~해야 한다'라는 의미로도 사용합니다. 〈I need＋명사^{필요한 대상}〉,
〈I need＋to동사원형^{필요한 행동}〉으로 씁니다.

 **STEP 1 문장 익히기** 10번 반복해서 큰 소리로 읽어보며 내 것으로 만듭니다.

✓ 10번 반복 체크! ☐1 ☐2 ☐3 ☐4 ☐5 ☐6 ☐7 ☐8 ☐9 ☐10

I need a vacation.	나는 휴가가 필요해.
I need a haircut.	나 머리 잘라야겠어.
I need some advice.	나는 조언이 필요해.
I need some help.	나는 도움이 필요해.
I need to study.	나 공부해야겠어.
I need to talk to you.	나 너랑 이야기 좀 해야겠어.
I need to work out.	나 운동해야겠어.

나는 휴가가 필요해. 🔊　　　나 공부해야겠어. 🔊

나 머리 잘라야겠어. 🔊　　　나 너랑 이야기 좀 해야겠어. 🔊

나는 조언이 필요해. 🔊　　　나 운동해야겠어. 🔊

나는 도움이 필요해. 🔊

STEP 3 실전 대화에서 연습하기 학습한 문장을 활용하여 실전 대화 연습을 합니다.

Emmy Is now a good time? 나는 조언이 필요해. →
John Sure. What is it?

Emmy I think I've gained weight. 나 운동해야겠어. →
John Well, let's go to the gym tomorrow!

Emmy 지금 시간 괜찮아? 나는 조언이 필요해. → I need some advice.
John 당연하지, 뭔데?

Emmy 나 살 좀 찐 거 같아. 나 운동해야겠어. → I need to work out.
John 그래, 내일 헬스장 가자!

Emmy 선생님의 tip!

'머리를 자르다'는 〈get a haircut〉이라고 하는데요. '머리 잘라야 해'는 I need a haircut 혹은 I need to get a haircut이라고 표현해요. I need to cut my hair는 '(내가 가위를 들고 직접) 머리를 자르다'라는 뜻이에요. '(미용실이나 이발소에서) 자르다'는 get a haircut으로 써야 해요!

DAY 035

I like

일반동사 like는 무언가를 '**좋아하다**'라고 말할 때 자주 쓰입니다. 더 강조하여 'I love(~을 아주 좋아해)'라고도 표현할 수 있습니다. 〈like+명사〉, 〈like+to동사원형〉, 〈like+동사원형ing〉로 '**~하는 것을 좋아해**'라고 말할 수 있습니다.

 **STEP 1 문장 익히기**　10번 반복해서 큰 소리로 읽어보며 내 것으로 만듭니다.

✓ 10번 반복 체크! ① ② ③ ④ ⑤ ⑥ ⑦ ⑧ ⑨ ⑩

I like winter best.	난 겨울이 가장 좋아.
I like it here.	난 여기 마음에 들어.
I like to travel.	나 여행 좋아해.
I like to meet new people.	난 새로운 사람들을 만나는 걸 좋아해.
I like reading in bed.	난 침대에서 책 읽는 거 좋아해.
I like shopping online.	난 온라인으로 쇼핑하는 거 좋아해.
I like the way she talks.	난 그 애가 말하는 방식이 마음에 들어.

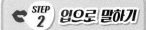

STEP 2 입으로 말하기

3초 안에 영어로 말할 수 없다면 다시 STEP 1에서 연습합니다.

난 겨울이 가장 좋아. 📢   난 침대에서 책 읽는 거 좋아해. 📢

난 여기 마음에 들어. 📢   난 온라인으로 쇼핑하는 거 좋아해. 📢

나 여행 좋아해. 📢   난 그 애가 말하는 방식이 마음에 들어. 📢

난 새로운 사람들을 만나는 걸 좋아해. 📢

STEP 3 실전 대화에서 연습하기

학습한 문장을 활용하여 실전 대화 연습을 합니다.

Emmy 난 여기 마음에 들어. →
John You do? I'm glad you like it. I'm a regular here.

Emmy Why do you like traveling?
John 난 새로운 사람들을 만나는 걸 좋아해. →

Emmy 난 여기 마음에 들어. → I like it here.
John 그래? 네가 좋다니 나도 기쁘다. 나 여기 단골이야.
Emmy 왜 여행하는 것을 좋아해?
John 난 새로운 사람들을 만나는 걸 좋아해. → I like to meet new people.

> **Emmy 선생님의 tip!**
>
> 〈in bed〉를 '침대 안에'라고 해석하면 잘못된 표현이에요! in bed는 '(침대에서) 자고[쉬고] 있는'으로 해석해요. 이불을 덮고 누워 있는 모습을 상상하면 돼요. 〈on the bed〉는 자거나 쉬는 모습이 아니라 잠깐 스마트폰을 하려고 몇 분 정도 침대에 앉아 있는 모습이에요.
>
> He is in bed.   그는 자고 있어.
> I like listening to music in bed.   난 침대에서 음악 듣는 걸 좋아해.
> What are you doing on the bed?   침대에서 뭐 하고 있는 거야?

DAY 036
I don't like

일반동사 like의 부정문은 동사 앞에 don't를 붙여서 **I don't like**로 만들 수 있습니다. '난 ~을 좋아하지 않아, ~이 마음에 들지 않아'로 해석할 수 있습니다. like와 마찬가지로 〈I don't like+to동사원형〉 또는 〈I don't like+동사원형ing〉를 구분 없이 쓸 수 있습니다.

 **STEP 1 문장 익히기**   10번 반복해서 큰 소리로 읽어보며 내 것으로 만듭니다.

✓ 10번 반복 체크! 1 2 3 4 5 6 7 8 9 10

I don't like it.	싫어. / 난 그걸 좋아하지 않아.
I don't like my hair.	난 내 머리가 마음에 안 들어.
I don't like Mondays.	난 월요일을 좋아하지 않아.
I don't like summer.	난 여름을 좋아하지 않아.
I don't like to get up early.	난 일찍 일어나는 걸 좋아하지 않아.
I don't like being late.	난 늦는 걸 좋아하지 않아.
I don't like doing house chores.	난 집안일 하는 걸 좋아하지 않아.

STEP 2 입으로 말하기 3초 안에 영어로 말할 수 없다면 다시 STEP 1에서 연습합니다.

싫어. / 난 그걸 좋아하지 않아. 📢

난 내 머리가 마음에 안 들어. 📢

난 월요일을 좋아하지 않아. 📢

난 여름을 좋아하지 않아. 📢

난 일찍 일어나는 걸 좋아하지 않아. 📢

난 늦는 걸 좋아하지 않아. 📢

난 집안일 하는 걸 좋아하지 않아. 📢

STEP 3 실전 대화에서 연습하기 학습한 문장을 활용하여 실전 대화 연습을 합니다.

Emmy	Why the long face?
John	난 일찍 일어나는 걸 좋아하지 않아. → I'm not a morning person.
Emmy	난 늦는 걸 좋아하지 않아. →
John	I like being on time, too. It's easy because I'm organized.

Emmy	왜 시무룩해?
John	난 일찍 일어나는 걸 좋아하지 않아. → I don't like to get up early. 난 아침형 인간이 아니야.
Emmy	난 늦는 걸 좋아하지 않아. → I don't like being late.
John	나도 시간을 잘 지키는 걸 좋아해. 난 계획을 잘해서 쉽거든.

> **Emmy 선생님의 tip!**
>
> 〈Why the long face?〉를 '왜 긴 얼굴이야?'라고 직역하면 너무 어색해요. 영어에서 long face는 우울하거나 슬픈, 시무룩한 표정이에요. 걱정스럽거나 슬플 때 입꼬리가 쭉 내려가 얼굴이 길어 보이는 데서 나온 재미있는 표현이에요. 그래서 '왜 시무룩해?' 혹은 '무슨 걱정거리 있어?'라고 해석해요.

DAY 037

Do you like ~?

일반동사 like로 '~를 좋아하니?'라고 묻고 싶을 때 의문문으로 사용할 수 있습니다.
현재 시제라면, 조동사 do를 넣어 **Do you?**라고 질문할 수 있습니다. 단, 주어가 I,
you, 여럿일 때는 Do you를 사용하고 주어가 하나일 때는 Does she, Does it으로
표현할 수 있습니다.

 **STEP 1 문장 익히기** 10번 반복해서 큰 소리로 읽어보며 내 것으로 만듭니다.

✓ 10번 반복 체크! 1 2 3 4 5 6 7 8 9 10

Do you like it?	마음에 들어?
Do you like spicy food?	매운 음식 좋아해?
Do you like cucumbers?	오이 좋아해?
Do you like drinking?	술 마시는 거 좋아해?
Do you like to go to the movies?	극장 가는 거 좋아해?
Do you like to read books?	책 읽는 거 좋아해?
Do you like window shopping?	아이쇼핑 하는 거 좋아해?

STEP 2 입으로 말하기 3초 안에 영어로 말할 수 없다면 다시 STEP 1에서 연습합니다.

마음에 들어?

극장 가는 거 좋아해?

매운 음식 좋아해?

책 읽는 거 좋아해?

오이 좋아해?

아이쇼핑 하는 거 좋아해?

술 마시는 거 좋아해?

STEP 3 실전 대화에서 연습하기 학습한 문장을 활용하여 실전 대화 연습을 합니다.

Emmy 매운 음식 좋아해? →

John No, I can't handle spicy food.

Emmy 책 읽는 거 좋아해? →

John I love it. I like novels.

Emmy 매운 음식 좋아해? → Do you like spicy food?

John 아니, 나 매운 거 못 먹어.

Emmy 책 읽는 거 좋아해? → Do you like to read books?

John 나 정말 좋아해. 나 소설 좋아해.

Emmy 선생님의 tip!

〈술 마시다〉를 영어로 표현할 때 보통 drink alcohol을 많이 사용하는데요. alcohol을 사용하지 않아도 돼요. 간단히 I like drinking 혹은 I like to drink 이렇게만 말해도 '난 술 마시는 걸 좋아해'라는 의미를 표현해요. drink 뒤에 음료 종류를 붙이지 않았다면 자연스럽게 '술을 마시다'라는 뜻으로 사용하는 거예요.

Let's go for a drink!　　　　　　술 한잔하러 가자!
I like to drink tea before bed.　　난 자기 전에 차 마시는 걸 좋아해.

❶ 나 감기 걸렸어.

❷ 나 질문이 좀 있어.

❸ 나 할 게 좀 있어.

❹ 나 너한테 말할 게 있어.

❺ 나 시간이 없어.

❻ 난 통금이 없어.

❼ 난 잠을 충분히 자.

❽ 나는 저녁 6시에 퇴근해.

❾ 나 샤워해.

⭐ **이렇게 말하면 돼요!**

❶ I have a cold.
❷ I have some questions.
❸ I have something to do.
❹ I have something to tell you.
❺ I don't have time.

❻ I don't have a curfew.
❼ I get enough sleep.
❽ I get off at 6 p.m.
❾ I take a shower.

⑩ 난 지하철 타.

⑪ 나는 휴가가 필요해.

⑫ 나는 도움이 필요해.

⑬ 나 여행 좋아해.

⑭ 난 온라인으로 쇼핑하는 거 좋아해.

⑮ 난 월요일을 좋아하지 않아.

⑯ 난 늦는 걸 좋아하지 않아.

⑰ 매운 음식 좋아해?

⑱ 아이쇼핑 하는 거 좋아해?

⭐ 이렇게 말하면 돼요!

⑩ I take the subway.
⑪ I need a vacation.
⑫ I need some help.
⑬ I like to travel.
⑭ I like shopping online.
⑮ I don't like Mondays.
⑯ I don't like being late.
⑰ Do you like spicy food?
⑱ Do you like window shopping?

Emmy **What kind of food do you like?**
어떤 종류의 음식 좋아해?

John **I drink soda and eat candy all day. ❶** _____
난 온종일 탄산음료를 마시고 사탕을 먹어. 나 단 것 엄청 좋아해.

Emmy **❷** _____
나 너에게 물어볼 게 있어.

John **Okay, I'll be with you in a second.**
알겠어, 잠시만 기다려줘.

Emmy **Who wants pizza?**
피자 먹을 사람?

John **I'll pass. ❸** _____
난 안 먹을래. 난 식욕이 없어.

Emmy **How often do you go to the dentist?**
치과에 얼마나 자주 가?

John **Once a year. ❹** _____
일 년에 한 번. 나는 매년 스케일링을 해.

Emmy **❺** _____
나는 엄마를 닮았어.

John **I can see that.**
정말 그런 거 같네.

⭐ 이렇게 말하면 돼요!

❶ I have a sweet tooth.
❷ I have something to ask you.
❸ I don't have an appetite.
❹ I get my teeth cleaned every year.
❺ I take after my mother.

Emmy Is now a good time? **❻** `--------------------------------------`
지금 시간 괜찮아? 나는 조언이 필요해.

John Sure. What is it?
당연하지. 뭔데?

Emmy Why do you like traveling?
왜 여행하는 것을 좋아해?

John **❼** `--------------------------------`
난 새로운 사람들을 만나는 걸 좋아해.

Emmy Why the long face?
왜 시무룩해?

John **❽** `------------------------------------`
I'm not a morning person.
난 일찍 일어나는 걸 좋아하지 않아. 난 아침형 인간이 아니야.

Emmy **❾** `------------------------------------`
책 읽는 거 좋아해?

John I love it. I like novels.
나 정말 좋아해. 나 소설 좋아해.

⭐ **이렇게 말하면 돼요!**

❻ I need some advice.
❼ I like to meet new people.
❽ I don't like to get up early.
❾ Do you like to read books?

기본 동사로
말하기 (2)

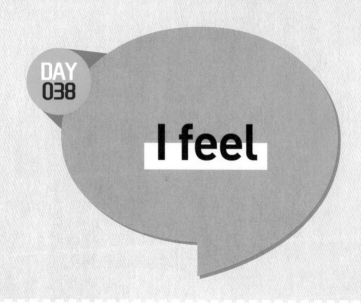

DAY 038

I feel

I feel은 '~한 기분이야[느낌이야]'라는 뜻으로 기분이나 몸 상태를 말할 때 자주 쓰는 표현입니다.

STEP 1 문장 익히기   10번 반복해서 큰 소리로 읽어보며 내 것으로 만듭니다.

✓ 10번 반복 체크! ☐1 ☐2 ☐3 ☐4 ☐5 ☐6 ☐7 ☐8 ☐9 ☐10

I feel well.	나 컨디션 좋아.
I feel off.	나 컨디션이 안 좋아.
I feel bad.	나 속상해. / 죄책감이 들어.
I feel heavy.	몸이 찌뿌둥해.
I feel a little dizzy.	나 약간 어지러워.
I feel for you.	나 네 입장을 이해해.
I feel sorry for him.	그 애가 너무 안 됐어.

나 컨디션 좋아. 🔊

나 컨디션이 안 좋아. 🔊

나 속상해. / 죄책감이 들어. 🔊

몸이 찌뿌둥해. 🔊

나 약간 어지러워. 🔊

나 네 입장을 이해해. 🔊

그 애가 너무 안 됐어. 🔊

STEP 3 실전 대화에서 연습하기   학습한 문장을 활용하여 실전 대화 연습을 합니다.

Emmy   I feel like you're doing everything. 죄책감이 들어. →

John   No problem. I like doing this.

Emmy   Are you alright? You look a little tired.

John   나 약간 어지러워. →

Emmy   네가 모든 걸 다 하는 거 같아. 죄책감이 들어. → I feel bad.

John   괜찮아. 나 이거 하는 게 좋아.

Emmy   너 괜찮아? 좀 피곤해 보이는데.

John   나 약간 어지러워. → I feel a little dizzy.

Emmy 선생님의 tip!

〈컨디션이 안 좋아〉를 bad condition으로 직역해서 사용할 수 없어요. condition은 몸매, 날씨 등의 기능이나 상태를 나타낼 때만 쓸 수 있어요. 피곤한 정도의 상태를 나타낼 때는 feel을 사용하여 I feel off 혹은 I don't feel well 이렇게 표현해야 해요. I feel under the weather(컨디션이 별로야, 기분이 울적해) 이렇게도 사용할 수 있어요. 참고로 well은 건강을 이야기할 때 형용사로 '건강한'이라고 사용돼요.

단, well이 부사일 경우 '잘'로 해석해요.

I know her well.   나 그 애를 잘 알아.

Emmy teaches English well.   에미는 영어를 잘 가르쳐요.

I don't feel

I feel의 부정문은 동사 앞에 don't를 붙여서 **I don't feel**로 쓸 수 있습니다. '기분이 안 좋아'라는 표현으로 〈I don't feel like+동사원형ing〉를 사용하여 '~할 기분 아니야'라고 해석할 수 있어요. like는 '좋아하다'라고 쓸 수도 있지만, '~같이[처럼]'으로 쓸 수도 있습니다.

 **STEP 1 문장 익히기** 10번 반복해서 큰 소리로 읽어보며 내 것으로 만듭니다.

✓ 10번 반복 체크! ① ② ③ ④ ⑤ ⑥ ⑦ ⑧ ⑨ ⑩

I don't feel well.	나 컨디션 안 좋아.
I don't feel good about it.	나 마음이 편하지 않아.
I don't feel like it.	나 그거 할 기분이 아니야. / 하기 싫어.
I don't feel like going out.	나 외출할 기분 아니야.
I don't feel like studying.	나 공부하고 싶은 기분이 아니야.
I don't feel like cooking.	나 요리할 기분 아니야.
I don't feel like doing anything.	나 아무것도 하고 싶은 기분이 아니야.

나 컨디션 안 좋아. 📢

나 마음이 편하지 않아. 📢

나 그거 할 기분이 아니야. /
하기 싫어. 📢

나 외출할 기분 아니야. 📢

나 공부하고 싶은 기분이 아니야. 📢

나 요리할 기분 아니야. 📢

나 아무것도 하고 싶은 기분이 아니야. 📢

Emmy   I'm kind of hungry, but 나 요리할 기분 아니야. ➡

John   Let's order in, then.

Emmy   Do you want to go to the movies?

John   나 아무것도 하고 싶은 기분이 아니야. ➡
Let's stay in.

Emmy   나 약간 배고프긴 한데, 나 요리할 기분 아니야. ➡ I don't feel like cooking.

John   그럼 배달시켜 먹자.

Emmy   영화 보러 갈래?

John   나 아무것도 하고 싶은 기분이 아니야. ➡ I don't feel like doing anything.
그냥 집에 있자.

Emmy 선생님의 tip!

〈some〉과 〈any〉는 '어떤, 약간, 어느 정도'의 뜻으로 명사 앞에서 수나 양을 이야기할 수 있어요. 보통 some은 긍정문, any는 부정문과 의문에 사용돼요. 사물의 정해지지 않은 수나 양을 나타낼 때 〈some/any+thing〉으로 '어떤 것'이라고 나타낼 수도 있어요. 긍정문에는 something, 부정문과 의문문에는 anything을 사용할 수 있어요. 단, 예외적으로 긍정의 답을 기대하는 권유나 요청의 의문문에서는 something을 사용할 수 있어요.

I don't feel like doing anything.   나 아무것도 하고 싶은 기분이 아니야.
Would you like something to drink?   마실 것 좀 드릴까요?

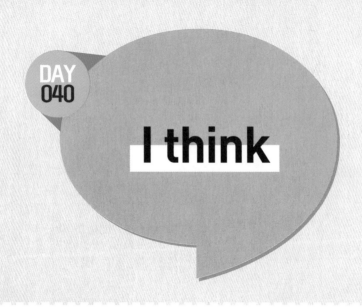

DAY 040

I think

think는 원어민들이 정말 많이 사용하는 동사입니다. 내 생각을 이야기할 때 사용합니다. '〜라고 생각해'로 해석하기도 하고 〈I think+주어+동사〉 형태일 때는 '〜인 것 같아'로 해석하기도 합니다.

 **STEP 1 문장 익히기** 10번 반복해서 큰 소리로 읽어보며 내 것으로 만듭니다.

✓ 10번 반복 체크! ① ② ③ ④ ⑤ ⑥ ⑦ ⑧ ⑨ ⑩

I think so.	난 그렇게 생각해.
I think I can do it.	나 할 수 있을 것 같아.
I think I'm in love.	나 사랑에 빠진 것 같아.
I think I have a cold.	나 감기에 걸린 것 같아.
I think you're right.	네가 맞는 것 같아.
I think he's sweet.	그 사람 다정한 것 같아.
I think the sooner the better.	빠르면 빠를수록 좋을 것 같아.

입으로 말하기

3초 안에 영어로 말할 수 없다면 다시 STEP 1에서 연습합니다.

난 그렇게 생각해. 📢   네가 맞는 것 같아. 📢

나 할 수 있을 것 같아. 📢   그 사람 다정한 것 같아. 📢

나 사랑에 빠진 것 같아. 📢   빠르면 빠를수록 좋을 것 같아. 📢

나 감기에 걸린 것 같아. 📢

STEP 3 실전 대화에서 연습하기

학습한 문장을 활용하여 실전 대화 연습을 합니다.

| Emmy | 그 사람 다정한 것 같아. → |
| John | 나도 그렇게 생각해. → |

Emmy So, what do you think?
John 네가 맞는 것 같아. →   This is impossible.

Emmy 그 사람 다정한 것 같아. → I think he's sweet.
John 나도 그렇게 생각해. → I think so.

Emmy 그래서, 네 생각은 어때?
John 네가 맞는 것 같아. → I think you're right. 이건 불가능해.

Emmy 선생님의 tip!

〈sweet〉은 '달콤한'인데요. 사람의 행동을 나타낼 때는 '다정한, 친절한, 착한' 등의 긍정적인 뜻
으로 사용해요.

You're so sweet.   너는 정말 다정해.
Emmy is <u>sweet</u> to everyone.   에미는 누구에게나 친절해요.

DAY 041

I don't think

I think의 부정문은 **I don't think**로 '난 ∼가 아닌 것 같아, 난 ∼ 않은 것 같아'입니다. 〈I don't think+주어+동사〉로 쓸 수 있습니다. 단, '내 생각엔 ∼가 아닌 것 같아'로 해석되더라도 부정문 형태인 I don't think를 먼저 쓰고 뒤에 나오는 〈주어+동사〉는 긍정문으로 써야 합니다.

 **STEP 1 문장 익히기** 10번 반복해서 큰 소리로 읽어보며 내 것으로 만듭니다.

✓ 10번 반복 체크! [1] [2] [3] [4] [5] [6] [7] [8] [9] [10]

I don't think so.	난 그렇지 않은 것 같아.
I don't think I can.	나 못 할 것 같아.
I don't think I can make it.	나 못 갈 것 같아.
I don't think she is lying.	그 여자가 거짓말하는 것 같지 않아.
I don't think this is working.	이거 작동되는 것 같지 않아.
I don't think that is a good idea.	그게 좋은 생각 같지 않아.
I don't think that is possible.	그게 가능할 것 같지 않아.

난 그렇지 않은 것 같아. 🔊   이거 작동되는 것 같지 않아. 🔊

나 못 할 것 같아. 🔊   그게 좋은 생각 같지 않아. 🔊

나 못 갈 것 같아. 🔊   그게 가능할 것 같지 않아. 🔊

그 여자가 거짓말하는 것 같지 않아. 🔊

STEP 3 실전 대화에서 연습하기 학습한 문장을 활용하여 실전 대화 연습을 합니다.

Emmy   I think she's lying.
John   난 그렇지 않은 것 같아. →

Emmy   Can you come to my party tonight?
John   나 못 갈 것 같아. →   I have to work late.

Emmy   그 여자 거짓말하는 것 같아.
John   난 그렇지 않은 것 같아. → I don't think so.

Emmy   오늘 밤 파티에 올 수 있어?
John   나 못 갈 것 같아. → I don't think I can make it. 나 야근해야만 하거든.

> **Emmy 선생님의 tip!**
>
> 〈make〉는 '만들다'라는 뜻 외에도 다른 표현으로 쓸 수 있어요. make it은 '약속장소에 가다'라는 뜻이에요.
>
> **I don't think I can make it.**   나 못 갈 것 같아. (노력은 해봤지만 못 갈 것 같아.)
> **Can you make it?**   올 수 있어?
>
> 또한 '~을 해내다, 성공하다'라는 뜻으로 쓸 수 있어요.
> **We made it!**   우리가 해냈어!

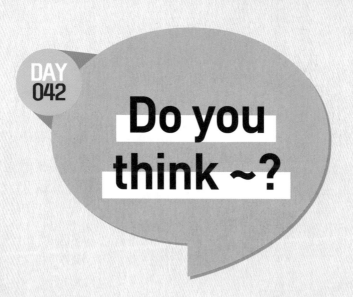

DAY 042

Do you think ~?

think는 일반동사이기 때문에 의문문을 만들 때 do/does/did를 사용해야 합니다. 현재 시제의 주어가 I, you, 여러 명일 때는 do, 주어가 하나일 때 does, 과거 시제는 주어의 수와 상관없이 did를 사용합니다. '~라고 생각해?'라고 상대방의 의견을 물어볼 때 〈Do you think+주어+동사〉를 사용합니다.

 **STEP 1 문장 익히기** 10번 반복해서 큰 소리로 읽어보며 내 것으로 만듭니다.

✓ 10번 반복 체크! ☐1 ☐2 ☐3 ☐4 ☐5 ☐6 ☐7 ☐8 ☐9 ☐10

Do you think so?	그렇게 생각해?
Do you think I should go?	내가 가야 한다고 생각해?
Do you think I need an umbrella?	내가 우산이 필요하다고 생각해?
Do you think he will like it?	그가 그거 좋아할 거 같아?
Do you think this color suits me?	이 색이 나에게 잘 어울리는 것 같아?
Do you think this looks good on me?	이게 나한테 잘 어울리는 것 같아?
Do you think he has a thing for me?	그 애가 나를 좋아하는 것 같아?

3초 안에 영어로 말할 수 없다면 다시 STEP 1에서 연습합니다.

그렇게 생각해? 📢

내가 가야 한다고 생각해? 📢

내가 우산이 필요하다고 생각해? 📢

그가 그거 좋아할 것 같아? 📢

이 색이 나에게 잘 어울리는 것 같아? 📢

이게 나한테 잘 어울리는 것 같아? 📢

그 애가 나를 좋아하는 것 같아? 📢

STEP 3 실전 대화에서 연습하기 학습한 문장을 활용하여 실전 대화 연습을 합니다.

Emmy 이 색이 나에게 잘 어울리는 것 같아? →

John It looks good on you.

Emmy 그 애가 나를 좋아하는 것 같아? →

John I don't think so.

Emmy 이 색이 나에게 잘 어울리는 것 같아? → Do you think this color suits me?

John 너한테 잘 어울려.

Emmy 그 애가 나를 좋아하는 것 같아? → Do you think he has a thing for me?

John 난 그렇지 않은 것 같아.

Emmy 선생님의 tip!

〈have a thing for〉는 '~를 좋아하다, ~에 끌리다, ~에 관심 있다'라는 표현인데요. a thing 을 '무언가'가 있다고 생각하면 돼요.

I have a thing for you.	나 널 좋아해.
I think he has a thing for Emmy.	그가 에미한테 관심 있는 거 같아.
You have a thing for her, right?	너 그 애에게 관심 있지, 그렇지?

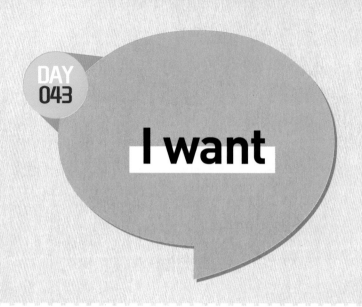

DAY 043

I want

원하는 것을 말할 때 쓸 수 있는 표현입니다. 〈want+to동사원형〉으로 '~하는 것을 원해요'라고 원어민들이 많이 쓰는데, want to를 줄여서 wanna라고 말할 수도 있습니다.

 **STEP 1 문장 익히기**   10번 반복해서 큰 소리로 읽어보며 내 것으로 만듭니다.

✓ 10번 반복 체크! ① ② ③ ④ ⑤ ⑥ ⑦ ⑧ ⑨ ⑩

I want some coffee.	난 커피를 원해.
I want a raise.	난 월급 인상을 원해.
I want the truth.	난 진실을 원해.
I want to see you.	난 너를 보고 싶어.
I want to go home.	난 집에 가고 싶어.
I want to get some rest.	난 좀 쉬고 싶어.
I want to show you something.	난 너에게 뭘 좀 보여주고 싶어.

난 커피를 원해. 🔊   난 집에 가고 싶어. 🔊

난 월급 인상을 원해. 🔊   난 좀 쉬고 싶어. 🔊

난 진실을 원해. 🔊   난 너에게 뭘 좀 보여주고 싶어. 🔊

난 너를 보고 싶어. 🔊

STEP 3 실전 대화에서 연습하기   학습한 문장을 활용하여 실전 대화 연습을 합니다.

Emmy   I'm so tired. 난 커피를 원해. →

John   I've just made some coffee. It's in the kitchen.

Emmy   I'm beat. 난 좀 쉬고 싶어. →

John   Okay. Let's call it a day.

Emmy   나 너무 피곤해. 난 커피를 원해. → I want some coffee.

John   나 방금 커피 만들었어. 부엌에 있어.

Emmy   나 너무 지쳤어. 난 좀 쉬고 싶어. → I want to get some rest.

John   알겠어. 오늘 여기까지 하자.

> **Emmy 선생님의 tip!**
>
> 〈get some rest〉는 주말에 푹 쉬는 것처럼 긴 휴식을 취할 때 쓸 수 있어요. take a rest는 잘 쓰지 않는 표현이니 참고해주세요. '잠시 휴식을 취하다'는 take a break라고 할 수 있어요. 잠시 화장실을 가거나 커피 타임을 갖는 것처럼 짧은 휴식을 의미해요.

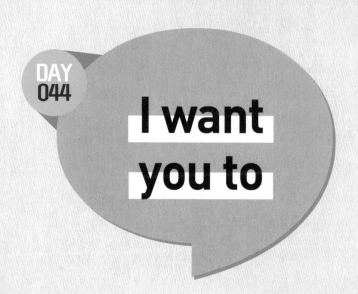

DAY 044

I want you to

내가 상대방에게 무언가 하기를 원할 때 '난 네가 ~을 하면 좋겠어'라고 〈I want you to+동사원형〉으로 표현할 수 있습니다.

STEP 1 문장 익히기

10번 반복해서 큰 소리로 읽어보며 내 것으로 만듭니다.

✓ 10번 반복 체크! ① ② ③ ④ ⑤ ⑥ ⑦ ⑧ ⑨ ⑩

I want you to know.	난 네가 알았으면 좋겠어.
I want you to be happy.	난 네가 행복하면 좋겠어.
I want you to be with me.	난 네가 나랑 함께 있어주면 좋겠어.
I want you to help me.	난 네가 나를 도와주면 좋겠어.
I want you to answer the question.	난 네가 그 질문에 대답하면 좋겠어.
I want you to keep a secret.	난 네가 비밀을 지켜주면 좋겠어.
I want you to have it.	난 네가 그걸 가졌으면 좋겠어.

3초 안에 영어로 말할 수 없다면 다시 STEP 1에서 연습합니다.

난 네가 알았으면 좋겠어. 📣

난 네가 행복하면 좋겠어. 📣

난 네가 나랑 함께 있어주면
좋겠어. 📣

난 네가 나를 도와주면 좋겠어. 📣

난 네가 그 질문에 대답하면 좋겠어. 📣

난 네가 비밀을 지켜주면 좋겠어. 📣

난 네가 그걸 가졌으면 좋겠어. 📣

STEP 3 실전 대화에서 연습하기 · 학습한 문장을 활용하여 실전 대화 연습을 합니다.

Emmy I didn't do that. It wasn't me.
난 네가 알았으면 좋겠어. →

John I believe you.

Emmy Hey, John.
If you are free, 난 네가 나를 도와주면 좋겠어. →

John Sure. How can I give you a hand?

Emmy 내가 그거 안 했어. 나 아니었어.
난 네가 알았으면 좋겠어. → I want you to know.

John 난 널 믿어.

Emmy 안녕, 존.
시간 되면 난 네가 나를 도와주면 좋겠어. → I want you to help me.

John 그럼. 내가 어떻게 도와주면 될까?

Emmy 선생님의 tip!

〈I believe you〉는 '(난 네가 말한 게 사실임을) 믿어'라는 뉘앙스예요.
〈I trust you〉 역시 '난 널 믿어'라는 의미이지만 '난 너를 신뢰해'라는 의미예요. 상대방에 무한 신뢰를 주며 그 사람 자체를 신뢰한다는 뜻이죠. 마지막으로 〈I believe in you〉 '너의 능력을 믿어'는 상대의 가능성이나 능력을 믿는 거죠. 시험이나 대회를 앞둔 친구에게 '잘 해낼 거야!'라 는 뉘앙스예요.

DAY 045

Do you want ~?

상대방에게 무언가 하고 싶은지 물어볼 때 혹은 가볍게 부탁할 때 '~하고 싶어?, ~할래?, ~해줄래?'라고 쓸 수 있습니다. 〈Do you want+명사〉 또는 〈Do you want+to동사원형〉 모두 사용 가능합니다.

 **STEP 1 문장 익히기** 10번 반복해서 큰 소리로 읽어보며 내 것으로 만듭니다.

✓ 10번 반복 체크! ① ② ③ ④ ⑤ ⑥ ⑦ ⑧ ⑨ ⑩

Do you want a drink?	너 음료 한 잔 할래?
Do you want a sip?	너 한 모금 마셔볼래?
Do you want some more coffee?	너 커피 더 마실래?
Do you want anything from the store?	가게에서 뭐 사다 줄까?
Do you want to bet?	너 내기할래?
Do you want to sit here?	너 여기 앉을래?
Do you want to try this?	이거 먹어볼래? / 이거 해볼래?

STEP 2 입으로 말하기   3초 안에 영어로 말할 수 없다면 다시 STEP 1에서 연습합니다.

너 음료 한 잔 할래? 📢   너 내기할래? 📢

너 한 모금 마셔볼래? 📢   너 여기 앉을래? 📢

너 커피 더 마실래? 📢   이거 먹어볼래? / 이거 해볼래? 📢

가게에서 뭐 사다 줄까? 📢

STEP 3 실전 대화에서 연습하기   학습한 문장을 활용하여 실전 대화 연습을 합니다.

Emmy   Hey, John. What are you drinking?
John   I'm drinking tea. 너 한 모금 마셔볼래? →

Emmy   가게에서 뭐 사다 줄까? →
John   Yes, something to drink.

Emmy   안녕, 존. 뭐 마시고 있어?
John   나 차 마시고 있는데. 너 한 모금 마셔볼래? → Do you want a sip?
Emmy   가게에서 뭐 사다 줄까? → Do you want anything from the store?
John   응, 마실 것 좀 사다 줘.

Emmy 선생님의 tip!

Do you want to try this? 동사 eat 대신에 try를 문장에 사용했는데요. 〈try〉는 '먹을래?'보다는 '먹어볼래? 맛볼래?'에 더 가까운 의미예요. 평소에 먹어보지 않았던 음식을 '시도해 보다'라는 의미예요.

Try this dumpling.   이 만두 좀 맛봐.
Have you ever tried Mexican food?   멕시코 음식 먹어 본 적 있어요?

평소에 우리가 자주 먹지 않는 음식이니 try가 좀 더 자연스럽죠.

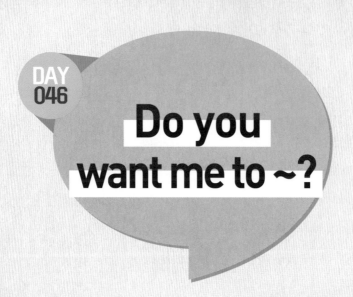

DAY 046

Do you want me to ~?

상대방에게 내가 무언가를 해 줄지 물어볼 때 '내가 ~를 해 줄까?, 내가 ~할까요?' 라는 의미로 씁니다. 직역하여 '내가 ~하길 원합니까?'로 해석하면 어색해질 수 있으니 주의하세요! to 뒤에는 동사원형을 써야 합니다.

 **STEP 1 문장 익히기** 10번 반복해서 큰 소리로 읽어보며 내 것으로 만듭니다.

✓ 10번 반복 체크! ☐1 ☐2 ☐3 ☐4 ☐5 ☐6 ☐7 ☐8 ☐9 ☐10

Do you want me to help?	내가 도와줄까?
Do you want me to take you home?	내가 집에 바래다 줄까?
Do you want me to come with you?	내가 같이 가줄까?
Do you want me to give you a ride?	내가 태워다 줄까?
Do you want me to cook tonight?	내가 오늘 밤 요리해 줄까?
Do you want me to get you something to drink?	내가 마실 것 좀 가져다 줄까?
Do you want me to take a picture of you?	내가 너 사진 찍어 줄까?

내가 도와줄까?

내가 집에 바래다 줄까?

내가 같이 가줄까?

내가 태워다 줄까?

내가 오늘 밤 요리해 줄까?

내가 마실 것 좀 가져다 줄까?

내가 너 사진 찍어 줄까?

STEP 3 실전 대화에서 연습하기   학습한 문장을 활용하여 실전 대화 연습을 합니다.

Emmy	I can't figure out how to get there.
John	내가 태워다 줄까? →
Emmy	You look tired.
	내가 오늘 밤 요리해 줄까? →
John	Thanks. That's so sweet of you.

Emmy	나 거기 어떻게 가야 하는지 모르겠어.
John	내가 태워다 줄까? → Do you want me to give you a ride?
Emmy	너 피곤해 보인다.
	내가 오늘 밤 요리해 줄까? → Do you want me to cook tonight?
John	고마워. 넌 너무 다정해.

Emmy 선생님의 tip!

〈ride〉는 '타다, 타고 가다, 몰다'라는 뜻이 있는데요. ride a bicycle(자전거를 타다), ride the subway(지하철을 타다) 등으로 많이 쓰여요. 그리고 give a ride(자동차를 태워 주다, 데려다 주다)라고 쓸 수 있어요. 또한, 놀이동산의 놀이기구 역시 rides라고 할 수 있어요.

ride the roller coaster   롤러코스터를 타다
go on the rides   놀이기구를 타다
Let's ride the pirate ship over there!   저기 저쪽에 있는 바이킹 타자!

← 1 다음 문장을 3초 안에 바로 말해볼까요?

❶ 나 속상해. / 죄책감이 들어.

❷ 그 애가 너무 안 됐어.

❸ 나 컨디션 안 좋아.

❹ 나 공부하고 싶은 기분이 아니야.

❺ 나 사랑에 빠진 것 같아.

❻ 그 사람 다정한 것 같아.

❼ 나 못 할 것 같아.

❽ 이거 작동되는 것 같지 않아.

❾ 내가 가야 한다고 생각해?

☆ 이렇게 말하면 돼요!

❶ I feel bad.
❷ I feel sorry for him(her).
❸ I don't feel well.
❹ I don't feel like studying.
❺ I think I'm in love.

❻ I think he's sweet.
❼ I don't think I can.
❽ I don't think this is working.
❾ Do you think I should go?

⑩ 이 색이 나에게 잘 어울리는 것 같아?

⑪ 난 커피를 원해.

⑫ 난 집에 가고 싶어.

⑬ 난 네가 알았으면 좋겠어.

⑭ 난 네가 나를 도와주면 좋겠어.

⑮ 너 음료 한 잔 할래?

⑯ 너 내기할래?

⑰ 내가 도와줄까?

⑱ 내가 태워다 줄까?

☆ 이렇게 말하면 돼요!

⑩ Do you think this color suits me?
⑪ I want some coffee.
⑫ I want to go home.
⑬ I want you to know.
⑭ I want you to help me.

⑮ Do you want a drink?
⑯ Do you want to bet?
⑰ Do you want me to help?
⑱ Do you want me to give you a ride?

Emmy Are you alright? You look a little tired.
너 괜찮아? 좀 피곤해 보이는데.

John ❶ _____
나 약간 어지러워.

Emmy I'm kind of hungry, but ❷ _____
나 약간 배고프긴 한데, 나 요리할 기분 아니야.

John Let's order in, then.
그럼 배달시켜 먹자.

Emmy So, what do you think?
그래서, 네 생각은 어때?

John ❸ _____ This is impossible.
네가 맞는 것 같아. 이건 불가능해.

Emmy Can you come to my party tonight?
오늘 밤 파티에 올 수 있어?

John ❹ _____ I have to work late.
나 못 갈 것 같아. 나 야근해야만 하거든.

Emmy ❺ _____
그 애가 나를 좋아하는 것 같아?

John I don't think so.
난 그렇지 않은 것 같아.

☆ 이렇게 말하면 돼요!

❶ I feel a little dizzy.
❷ I don't feel like cooking.
❸ I think you're right.
❹ I don't think I can make it.
❺ Do you think he has a thing for me?

Emmy I'm beat. ❻ _____

나 너무 지쳤어. 난 좀 쉬고 싶어.

John Okay. Let's call it a day.

알겠어. 오늘 여기까지 하자.

Emmy Hey, John. If you are free, ❼ _____

안녕, 존. 시간 되면 난 네가 나를 도와주면 좋겠어.

John Sure. How can I give you a hand?

그럼. 내가 어떻게 도와주면 될까?

Emmy Hey, John. What are you drinking?

안녕, 존. 뭐 마시고 있어?

John I'm drinking tea. ❽ _____

나 차 마시고 있는데. 너 한 모금 마셔볼래?

Emmy You look tired. ❾ _____

너 피곤해 보인다. 내가 오늘 밤 요리해 줄까?

John Thanks. That's so sweet of you.

고마워. 넌 정말 다정해.

⭐ **이렇게 말하면 돼요!**

❻ I want to get some rest.
❼ I want you to help me.
❽ Do you want a sip?
❾ Do you want me to cook tonight?

UNIT 6
만능 주어 It으로 말하기 (1) It's ~

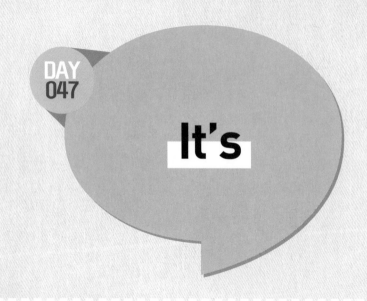

DAY
047

It's

주어 It은 사물 단수 주어로 '그것'을 지칭할 뿐만 아니라 시간, 날씨, 거리까지 다양하게 표현 가능한 만능 주어입니다. It은 단수이므로 be동사 is와 함께 쓰고 줄여서 **It's**라고 씁니다.

 **STEP 1 문장 익히기**   10번 반복해서 큰 소리로 읽어보며 내 것으로 만듭니다.

✓ 10번 반복 체크! ☐1 ☐2 ☐3 ☐4 ☐5 ☐6 ☐7 ☐8 ☐9 ☐10

It's close.	가까워.
It's cheap.	저렴해.
It's 7 o'clock.	7시야.
It's freezing today.	오늘 너무 추워.
It's on me.	내가 살게.
It's up to you.	네가 결정해. 너 하기 나름이야.
It's no sweat.	별거 아니야.

가까워. 🔊

저렴해. 🔊

7시야. 🔊

오늘 너무 추워. 🔊

내가 살게. 🔊

네가 결정해. 너 하기 나름이야. 🔊

별거 아니야. 🔊

STEP 3 실전 대화에서 연습하기   학습한 문장을 활용하여 실전 대화 연습을 합니다.

Emmy   What do you want to have for lunch?
John   네가 결정해. →   Pick anything you want.

Emmy   What is the weather like today?
John   오늘 너무 추워. →

Emmy   점심으로 뭐 먹고 싶어?
John   네가 결정해. → It's up to you. 네가 좋아하는 걸로 아무거나 골라.

Emmy   오늘 날씨 어때?
John   오늘 너무 추워. → It's freezing today.

Emmy 선생님의 tip!

〈오늘 날씨 어때?〉라고 날씨를 물어볼 때는 What's the weather like today? 혹은 How's the weather today?를 사용할 수 있는데요. 주어는 It's를 사용하여 답하고, '그것'으로 해석은 하지 않아도 돼요. 날씨 관련 단어를 확인해 볼까요?

It's hot. 덥네요.   It's cold. 춥네요.   It's windy. 바람이 불어요.
It's clear. 맑아요.   It's pleasant. 화창해요.   It's foggy. 안개가 꼈어요.
It's chilly. 쌀쌀해요.   It's gloomy. 흐려요.   It's humid. 습해요.
It's drizzling. 부슬비가 와요. It's snowing. 눈이 와요.   It's freezing. 너무 추워요.
It's boiling. It's sizzling hot. 너무 푹푹 쪄요.

It isn't

be동사는 문장에 일반동사가 없을 때 사용하는데, 부정문은 be동사 뒤에 not을 씁니다. is not을 줄여 isn't라고 씁니다. '(상태가) ~하지 않아'라고 해석할 수 있습니다.

 **STEP 1 문장 익히기**　10번 반복해서 큰 소리로 읽어보며 내 것으로 만듭니다.

✓ 10번 반복 체크! 1 2 3 4 5 6 7 8 9 10

It isn't mine.	내 거 아니야.
It isn't fun.	재미있지 않아.
It isn't expensive.	비싸지 않아.
It isn't over.	끝난 게 아니야.
It isn't fair.	그건 공평하지 않아.
It isn't a joke.	농담 아니야.
It isn't a big deal.	별거 아니야.

3초 안에 영어로 말할 수 없다면 다시 STEP 1에서 연습합니다.

내 거 아니야. 🔊

재미있지 않아. 🔊

비싸지 않아. 🔊

끝난 게 아니야. 🔊

그건 공평하지 않아. 🔊

농담 아니야. 🔊

별거 아니야. 🔊

학습한 문장을 활용하여 실전 대화 연습을 합니다.

Emmy   Whose bag is it?
John   I have no idea. 내 거 아니야. →

Emmy   Thank you for making me dinner. It was great.
John   별거 아니야. →   I'm glad you enjoyed it.

Emmy   누구 가방이야?
John   모르겠네. 내 거 아니야. → It isn't mine.

Emmy   저녁 만들어줘서 정말 고마워. 정말 맛있었어.
John   별거 아니야. → It isn't a big deal. 네가 잘 먹었다니 기뻐.

Emmy 선생님의 tip!

〈fun〉과 〈funny〉는 비슷한 듯하지만 달라서 많이 헷갈리고 자주 실수하는 단어죠?
fun(재미있는, 즐거운), funny(웃기는, 우스운) 이렇게 구분해야 하는데요.

I had **fun** last night.   나 어젯밤에 정말 즐거웠어. (재미있는 시간을 보냈다.)
He is so **funny**.   그는 정말 웃겨. (농담 등으로 웃기게 하는 거죠.)

DAY 049

It's time to

'이제 ~할 시간이야, ~할 때가 되었어'라고 해석합니다. 〈It's time to+동사원형〉으로 쓸 수 있습니다.

STEP 1 문장 익히기　　10번 반복해서 큰 소리로 읽어보며 내 것으로 만듭니다.

✓ 10번 반복 체크!　1 2 3 4 5 6 7 8 9 10

It's time to have lunch.	이제 점심 먹을 시간이야.
It's time to get up.	이제 일어날 시간이야.
It's time to go to bed.	이제 잘 시간이야.
It's time to study.	이제 공부할 시간이야.
It's time to go home.	이제 집에 가야 할 시간이야.
It's time to move on.	이제 앞으로 나아가야 할 때야.
It's time to say good bye.	이제 작별인사를 할 시간이야.

STEP 2 입으로 말하기

3초 안에 영어로 말할 수 없다면 다시 STEP 1에서 연습합니다.

이제 점심 먹을 시간이야. 🔊

이제 일어날 시간이야. 🔊

이제 잘 시간이야. 🔊

이제 공부할 시간이야. 🔊

이제 집에 가야 할 시간이야. 🔊

이제 앞으로 나아가야 할 때야. 🔊

이제 작별인사를 할 시간이야. 🔊

STEP 3 실전 대화에서 연습하기

학습한 문장을 활용하여 실전 대화 연습을 합니다.

Emmy 이제 일어날 시간이야. → **It's eight.**

John What? Why didn't you wake me up earlier?

Emmy You should forgive her.
이제 앞으로 나아가야 할 때야. →

John I know, but it isn't easy.

Emmy 이제 일어날 시간이야. → It's time to get up. 8시야.
John 뭐라고? 왜 더 일찍 안 깨운 거야?

Emmy 너 그녀를 용서해야 해.
이제 앞으로 나아가야 할 때야. → It's time to move on.
John 알아, 하지만 쉽지가 않아.

> **Emmy 선생님의 tip!**
>
> ⟨move on⟩은 안 좋았던 이전의 일을 다 잊고 다음 단계로 '넘어가다, 전진하다, 훌훌 털어버리다'라는 뜻이에요. 비슷한 표현으로 let it go(미련 없이 놓아주고 떠나보내다)가 있어요.

DAY 050

It's nice to

nice는 '기분이 좋은, 멋진, 즐거운'이란 뜻입니다. **It's nice to**로 '~을 하니 기쁘군요, ~을 하니 정말 좋아요'라고 표현할 수 있습니다. to 뒤에는 동사원형을 씁니다. 참고로 am, are, is의 동사원형은 be입니다.

STEP 1 문장 익히기   10번 반복해서 큰 소리로 읽어보며 내 것으로 만듭니다.

✓ 10번 반복 체크!   1 2 3 4 5 6 7 8 9 10

It's nice to meet you.	만나서 반가워요.
It's nice to see you again.	다시 만나서 반가워.
It's nice to talk to you.	너랑 대화하니 좋아.
It's nice to be here.	여기 오니까 좋아.
It's nice to be with you.	너랑 함께 있으니 좋아.
It's nice to work with you.	너랑 함께 일하니 기뻐.
It's nice to walk around.	걸어 다니니 좋네.

STEP 2 입으로 말하기

3초 안에 영어로 말할 수 없다면 다시 STEP 1에서 연습합니다.

만나서 반가워요. 🔊   너랑 함께 있으니 좋아. 🔊

다시 만나서 반가워. 🔊   너랑 함께 일하니 기뻐. 🔊

너랑 대화하니 좋아. 🔊   걸어 다니니 좋네. 🔊

여기 오니까 좋아. 🔊

STEP 3 실전 대화에서 연습하기

학습한 문장을 활용하여 실전 대화 연습을 합니다.

Emmy Hi, John. Long time no see.

John 다시 만나서 반가워. →   **How have you been?**

Emmy How do you like this town?

John It's good. 걸어 다니니 좋네. →

Emmy 안녕, 존. 오랜만이야.

John 다시 만나서 반가워. → It's nice to **see** you again. 어떻게 지냈어?

Emmy 이 동네 어때?

John 좋아. 걸어 다니니 좋네. → It's nice to **walk** around.

Emmy 선생님의 tip!

〈How do you like ~?〉은 '~는 어때?'라고 상대방의 의견이나 생각을 물어볼 때 사용해요.

How do you like Korea?   한국 어때세요?
How do you like the food?   음식은 어때요?

대답으로는 I like it(좋아요), It's not bad(나쁘지 않아요)가 있어요. 참고로 How about~? 역시 '~는 어때?'로 해석하지만 상대방에게 제안할 때 사용해요.

How about going shopping?   쇼핑 가는 거 어때?

DAY96에서 더 자세히 공부할 수 있어요.

It's
difficult to

difficult는 '어려운, 힘든'이라는 뜻입니다. 〈It is difficult to＋동사원형〉은 '~하는 것은 어려워'라는 의미입니다. 여기서 It은 〈to＋동사원형〉의 내용을 대신해 주는 가짜 주어이므로 '그것'으로 해석하지 않아도 됩니다.

STEP 1 문장 익히기   10번 반복해서 큰 소리로 읽어보며 내 것으로 만듭니다.

✓ 10번 반복 체크!   ① ② ③ ④ ⑤ ⑥ ⑦ ⑧ ⑨ ⑩

It's difficult to explain.	설명하는 것은 어려워.
It's difficult to understand.	이해하는 것은 어려워.
It's difficult to get a job.	취직하는 것은 어려워.
It's difficult to lose weight.	살을 빼는 것은 어려워.
It's difficult to get up early.	일찍 일어나는 것은 어려워.
It's difficult to eat healthy.	건강하게 먹는 것은 어려워.
It's difficult to solve the problem.	그 문제를 해결하는 것은 어려워.

설명하는 것은 어려워. 📢   일찍 일어나는 것은 어려워. 📢

이해하는 것은 어려워. 📢   건강하게 먹는 것은 어려워. 📢

취직하는 것은 어려워. 📢   그 문제를 해결하는 것은 어려워. 📢

살을 빼는 것은 어려워. 📢

STEP 3 실전 대화에서 연습하기 학습한 문장을 활용하여 실전 대화 연습을 합니다.

Emmy How's your diet going?

John Well, I'm trying it,
but 건강하게 먹는 것은 어려워. →

Emmy 그 문제를 해결하는 것은 어려워. →

John No, it isn't. Let's try this again.

Emmy 식단 조절은 어떻게 돼 가고 있어?

John 그게 노력하는 중인데,
건강하게 먹는 것은 어려워. → it's difficult to eat healthy.

Emmy 그 문제를 해결하는 것은 어려워. → It's difficult to solve the problem.

John 아니야, 그렇지 않아. 다시 한번 시도해 보자.

Emmy 선생님의 tip!

영어로 〈살을 빼다〉를 다이어트(diet)로 알고 있는데요. 사실 diet는 '살을 빼다'가 아니에요. '식단을 조절하다'라는 의미예요. 운동이 아니라 온전히 음식만 조절하는데, 살을 빼기 위해 다이어트를 할 수도 있지만 건강상 할 수도 있기 때문이죠. 그래서 I'm on a diet는 '식단 조절 중이야'라고 해석해요. 그리고 영양을 관리해 주는 '영양사'는 dietitian입니다. 진짜 '살을 빼다'는 lose weight, '살이 찌다'는 gain weight라고 써요.

DAY 052

It's worth

worth는 '~할 가치가 있는, 얻을 게 있는'이라는 뜻입니다. 상대방에게 어떤 행동에 대해 권유하거나 추천할 때 〈It's worth＋명사〉 '~의 가치가 있어'라고 사용합니다. 〈It is worth＋동사원형ing〉로 표현할 수 있고, '~할 가치가 있다'라고 해석합니다.

 **STEP 1 문장 익히기** 10번 반복해서 큰 소리로 읽어보며 내 것으로 만듭니다.

✓ 10번 반복 체크! ⓵ ⓶ ③ ④ ⑤ ⑥ ⑦ ⑧ ⑨ ⑩

It's worth it.	그럴 만한 가치가 있어.
It's worth the risk.	위험을 감수할 만한 가치가 있어.
It's worth the money.	그 돈의 가치가 있어.
It's worth the effort.	그 노력의 가치가 있어.
It's worth reading.	읽어 볼 만한 가치가 있어.
It's worth visiting.	방문할 만한 가치가 있어.
It's worth watching.	볼 만한 가치가 있어.

그럴 만한 가치가 있어. 📢   읽어 볼 만한 가치가 있어. 📢

위험을 감수할 만한 가치가 있어. 📢   방문할 만한 가치가 있어. 📢

그 돈의 가치가 있어. 📢   볼 만한 가치가 있어. 📢

그 노력의 가치가 있어. 📢

STEP 3 실전 대화에서 연습하기   학습한 문장을 활용하여 실전 대화 연습을 합니다.

Emmy   If you have time, go to Hangang Park for fun activities.
그럴 만한 가치가 있어. →

John   Thank you.

Emmy   How was the movie?

John   It was great. 볼 만한 가치가 있어. →

Emmy   시간 있으면 재미있는 액티비티를 하러 한강에 가봐.
그럴 만한 가치가 있어. → It's worth it.

John   고마워.

Emmy   영화 어땠어?

John   매우 좋았어. 볼 만한 가치가 있어. → It's worth watching.

Emmy 선생님의 tip!

〈visit〉는 동사로 '~를 방문하다, ~에 가다', 명사로는 '방문, 만남'으로 쓰여요. go와 다른 점은 visit는 보통 '(어떤 장소에 가서) 만나다'라는 의미가 있어요. 또한 '(관광을 즐기며) 관광명소에 가다' 역시 visit이지만 이 경우에는 go도 사용 가능해요. go는 보통 장소를 이동하는 대부분의 '가다'의 상황에서 쓰여요.

I'll visit my grandmother next week.   다음 주에 할머니를 만나러 갈 거야.

DAY 053

It's such a(n)

원어민들이 정말 많이 쓰는 문장 **It's such a(n)**입니다. such는 보통 〈such+ a(n)+(형용사)+명사〉로 많이 쓰이는데, 이 명사를 강조하여 '정말 ~한'으로 해석할 수 있습니다.

 **STEP 1 문장 익히기** 10번 반복해서 큰 소리로 읽어보며 내 것으로 만듭니다.

✓ 10번 반복 체크! 1 2 3 4 5 6 7 8 9 10

It's such a beautiful day.	정말 아름다운 날이야.
It's such a nice car.	정말 멋진 차야.
It's such a small world.	세상 정말 좁다.
It's such an interesting story.	정말 재미있는 이야기야.
It's such a shame.	너무 아쉬워.
It's such a hassle.	정말 귀찮은 일이야.
It's such a bummer.	너무 안됐다. / 실망이다.

STEP 2 입으로 말하기 3초 안에 영어로 말할 수 없다면 다시 STEP 1에서 연습합니다.

정말 아름다운 날이야. 🔊   너무 아쉬워. 🔊

정말 멋진 차야. 🔊   정말 귀찮은 일이야. 🔊

세상 정말 좁다. 🔊   너무 안됐다. / 실망이다. 🔊

정말 재미있는 이야기야. 🔊

STEP 3 실전 대화에서 연습하기 학습한 문장을 활용하여 실전 대화 연습을 합니다.

Emmy	정말 아름다운 날이야, → isn't it?
John	Yes, it is. I love fall.
Emmy	I have to do some housework this weekend. 정말 귀찮은 일이야. →
John	I hear you.

Emmy 정말 아름다운 날이야. → It's such a beautiful day, 그렇지 않니?
John 맞아. 난 가을이 정말 좋아.
Emmy 이번 주말에 집안일 해야 해.
      정말 귀찮은 일이야. → It's such a hassle.
John 그러게 말이야.

Emmy 선생님의 tip!

관사 a(n)는 정해져 있지 않은 셀 수 있는 명사가 하나 있을 때 쓰는데요. 보통 자음 소리가 나면 a, 모음(a, e, i, o, u) 소리가 나면 an을 써요. 여기서 주의해야 할 것은 소리예요! 스펠링이 아니에요. a house와 an hour는 같은 h이지만 소리가 모음이면 an을 써야 해요.
또한, 관사는 명사를 꾸미는 형용사 앞에 위치하고 바로 뒤따라오는 단어의 영향을 받아요. 예를 들면 a movie가 an interesting movie가 되듯이 형용사 interesting 앞에서, 모음 소리 i의 영향을 받아요. an apple이 a red apple로 되는 것처럼요.

1 다음 문장을 3초 안에 바로 말해볼까요?

❶ 내가 살게.

❷ 저렴해.

❸ 내 거 아니야.

❹ 농담 아니야.

❺ 이제 점심 먹을 시간이야.

❻ 이제 집에 가야 할 시간이야.

❼ 만나서 반가워요.

☆ **이렇게 말하면 돼요!**

❶ It's on me.
❷ It's cheap.
❸ It isn't mine.
❹ It isn't a joke.

❺ It's time to have lunch.
❻ It's time to go home.
❼ It's nice to meet you.

❽ 너랑 함께 일하니 기뻐.

❾ 설명하는 것은 어려워.

❿ 살을 빼는 것은 어려워.

⓫ 그럴 만한 가치가 있어.

⓬ 그 돈의 가치가 있어.

⓭ 정말 아름다운 날이야.

⓮ 너무 아쉬워.

☆ 이렇게 말하면 돼요!

❽ It's nice to work with you.
❾ It's difficult to explain.
❿ It's difficult to lose weight.
⓫ It's worth it.

⓬ It's worth the money.
⓭ It's such a beautiful day.
⓮ It's such a shame.

Emmy What is the weather like today?
오늘 날씨 어때?

John ❶ _____
오늘 너무 추워.

Emmy Thank you for making me dinner. It was great.
저녁 만들어줘서 정말 고마워. 정말 맛있었어.

John ❷ _____ I'm glad you enjoyed it.
별거 아니야. 네가 잘 먹었다니 기뻐.

Emmy ❸ _____ It's eight.
이제 일어날 시간이야. 8시야.

John What? Why didn't you wake me up earlier?
뭐라고? 왜 더 일찍 안 깨운 거야?

Emmy Hi, John. Long time no see.
안녕, 존. 오랜만이야.

John ❹ _____ How have you been?
다시 만나서 반가워. 어떻게 지냈어?

☆ 이렇게 말하면 돼요!

❶ It's freezing today.
❷ It isn't a big deal.
❸ It's time to get up.
❹ It's nice to see you again.

Emmy How's your diet going?

식단 조절은 어떻게 돼 가고 있어?

John Well, I'm trying it, but ❺ _____

그게 노력하는 중인데, 건강하게 먹는 것은 어려워.

Emmy How was the movie?

영화 어땠어?

John It was great. ❻ _____

매우 좋았어. 볼 만한 가치가 있어.

Emmy I have to do some housework this weekend.

❼ _____

이번 주말에 집안일 해야 해. 정말 귀찮은 일이야.

John I hear you.

그게 말이야.

⭐ **이렇게 말하면 돼요!**

❺ it's difficult to eat healthy.
❻ It's worth watching.
❼ It's such a hassle.

만능 주어 It으로 말하기 (2) It ~

DAY 054

It takes

일반동사 take는 다양한 뜻이 있는데 주어 It과 함께 쓰이면 '~하는 데 시간이 걸린다, (시간이나 노력, 인내심 등)이 필요하다'라는 뜻으로 사용됩니다. 일반동사의 현재 시제에서 주어가 단수이면 -(e)s를 붙여 주어야 하는데 It은 단수이므로 takes로 씁니다.

 **STEP 1 문장 익히기**   10번 반복해서 큰 소리로 읽어보며 내 것으로 만듭니다.

✓ 10번 반복 체크! ① ② ③ ④ ⑤ ⑥ ⑦ ⑧ ⑨ ⑩

It takes time.	시간이 필요해.
It takes money.	돈이 필요해.
It takes patience.	인내가 필요해.
It takes 30 minutes.	30분 걸려.
It takes an hour.	한 시간 걸려.
It takes a long time.	오래 걸려.
It takes two to tango.	손바닥도 마주쳐야 소리가 나.

3초 안에 영어로 말할 수 없다면 다시 STEP 1에서 연습합니다.

시간이 필요해. 🔊   한 시간 걸려. 🔊

돈이 필요해. 🔊   오래 걸려. 🔊

인내가 필요해. 🔊   손바닥도 마주쳐야 소리가 나. 🔊

30분 걸려. 🔊

STEP 3 실전 대화에서 연습하기   학습한 문장을 활용하여 실전 대화 연습을 합니다.

Emmy You can't blame him.
손바닥도 마주쳐야 소리가 나. →

John But I'm sure it is his fault.

Emmy How long does it take to get here?
John 한 시간 걸려. →

Emmy 그 애 탓만 할 순 없어.
손바닥도 마주쳐야 소리가 나. → It takes two to tango.
John 하지만 분명히 그 애 잘못이라고.

Emmy 여기 오는 데 얼마나 걸려?
John 한 시간 걸려. → It takes an hour.

Emmy 선생님의 tip!

〈It takes two to tango〉란 표현은 '탱고를 추려면 두 명이 있어야 한다'라고 할 수 있는데요. 탱고라는 춤을 혼자서는 출 수 없듯이, 무슨 일이 일어나도 '둘 다 책임이 있다'라는 의미예요. 한국어에도 '손바닥도 마주쳐야 소리가 난다'라는 비슷한 속담이 있죠? 무슨 일이든지 '두 사람이 모두 책임이 있다'라고 해석해요.

DAY 055

It makes

일반동사 make를 **It makes**로 쓰면 '~하게 만들다, ~을 …되게 하다'라는 의미입니다. 〈It makes＋명사〉도 사용 가능하고, 〈It makes＋사람 명사＋형용사[동사]〉로 쓰면 강제로 혹은 강하게 '(사람 명사)를 (형용사／동사)하게 하다'라고 해석합니다.

 **STEP 1 문장 익히기**　　10번 반복해서 큰 소리로 읽어보며 내 것으로 만듭니다.

✓ 10번 반복 체크! 1 2 3 4 5 6 7 8 9 10

It makes sense.	말이 되네.
It makes no sense.	전혀 말이 안 되잖아.
It makes me dizzy.	그게 날 어지럽게 해.
It makes me fat.	그게 날 살찌게 해.
It makes me confused.	그게 날 헷갈리게 해.
It makes me annoyed.	그게 날 짜증나게 해.
It makes me feel good.	그게 날 기분 좋게 해.

3초 안에 영어로 말할 수 없다면 다시 STEP 1에서 연습합니다.

말이 되네. 🔊

그게 날 헷갈리게 해. 🔊

전혀 말이 안 되잖아. 🔊

그게 날 짜증나게 해. 🔊

그게 날 어지럽게 해. 🔊

그게 날 기분 좋게 해. 🔊

그게 날 살찌게 해. 🔊

STEP 3 실전 대화에서 연습하기

학습한 문장을 활용하여 실전 대화 연습을 합니다.

Emmy	전혀 말이 안 되잖아. → He is a good guy.
John	I know. Who would have known?
Emmy	Let's ride the pirate ship again!
John	I'm scared to death. 그게 날 어지럽게 해. →

Emmy	전혀 말이 안 되잖아. → It makes no sense. 정말 좋은 사람인데.
John	그러게 말이야. 누가 알았겠어?
Emmy	우리 바이킹 다시 타러 가자!
John	무서워 죽을 거 같아. 그게 날 어지럽게 해. → It makes me dizzy.

Emmy 선생님의 tip!

〈무서워〉라고 할 때 scared와 scary 둘 중 어느 것을 써야 할지 구분하기가 어려워요. 두 단어 모두 scare라는 단어에서 나왔는데요. 간단하게 정리하면 I'm scary(난 무서운 사람이다), I'm scared(난 무섭다, 겁이 난다)라고 해석해요.
I'm scared는 내가 겁을 먹은 상태이니 '무서워' 이렇게 해석이 되죠.
I'm scary는 누군가를 무섭게 하는 내가 '무서운 사람'이 되는 거죠.

DAY 056

It gets

일반동사 get은 회화에서 많이 쓰이는 중요한 동사로 다양한 뜻이 있습니다. 〈It gets+형용사ᵇⁱᵍ급〉는 '(지금 상태보다) 더 ~하게 되다, ~되게 하다'라는 의미로 상태 변화를 강조하여 나타내는 표현입니다.

STEP 1 문장 익히기

10번 반복해서 큰 소리로 읽어보며 내 것으로 만듭니다.

✓ 10번 반복 체크! ☐1 ☐2 ☐3 ☐4 ☐5 ☐6 ☐7 ☐8 ☐9 ☐10

It gets better.	더 나아져.
It gets worse.	더 나빠져.
It gets easier.	더 쉬워져.
It gets dark.	어두워져.
It gets dirty easily.	쉽게 더러워져.
It gets too crowded.	사람들이 너무 붐비게 돼.
It gets on my nerves.	신경에 거슬려. / 짜증나게 해.

더 나아져.

더 나빠져.

더 쉬워져.

어두워져.

쉽게 더러워져.

사람들이 너무 붐비게 돼.

신경에 거슬려. / 짜증나게 해.

STEP 3 실전 대화에서 연습하기   학습한 문장을 활용하여 실전 대화 연습을 합니다.

Emmy I heard that this is the most popular restaurant in town.

John Right. Let's grab a table before

사람들이 너무 붐비게 되기 전에 →

Emmy She always gets away with stuff.

신경에 거슬려. →

John I know. She has no shame.

Emmy 듣기로는 이 식당이 동네에서 가장 유명하던데.

John 맞아. 사람들이 너무 붐비게 되기 전에 → it gets too crowded 테이블을 잡자.

Emmy 걘 늘 이리저리 빠져나간단 말이야.

신경에 거슬려. → It gets on my nerves.

John 맞아. 그 앤 염치도 없어.

Emmy 선생님의 tip!

〈비교급〉은 보통 형용사에 -er 혹은 more를 붙여서 '더 ~한'으로 만들 수 있어요. colder(더 추운), lower(더 낮은), more beautiful(더 아름다운), more expensive(더 비싼) 이렇게요.
예외로 good의 비교급은 better(더 좋은), bad의 비교급은 worse(더 나쁜), many의 비교급은 more(더 많이), little의 비교급은 less(더 적게)예요. 불규칙하게 변하므로 기억해두세요.

DAY 057

It looks

일반동사 look은 '보다, 보이다'라는 뜻입니다. 〈It looks＋형용사〉는 '～해 보여'라고 해석합니다. 또한, 〈It looks like＋명사〉를 써서 눈에 보이는 상황을 보고 추측해서 '～인 것 같아, ～인 것처럼 보여'로 말할 수 있습니다.

 **STEP 1 문장 익히기** 10번 반복해서 큰 소리로 읽어보며 내 것으로 만듭니다.

✓ 10번 반복 체크! ① ② ③ ④ ⑤ ⑥ ⑦ ⑧ ⑨ ⑩

It looks good.	좋아 보여. / 맛있어 보여.
It looks weird.	이상해 보여.
It looks familiar.	익숙해. / 어디서 본 것 같아.
It looks like rain.	비가 올 것 같아.
It looks like a good idea.	좋은 생각인 것 같아.
It looks like a mess.	엉망진창인 것 같아.
It looks like a mosquito bite.	모기 물린 자국 같아.

STEP 2 입으로 말하기
3초 안에 영어로 말할 수 없다면 다시 STEP 1에서 연습합니다.

좋아 보여. / 맛있어 보여. 🔊　　　　좋은 생각인 것 같아. 🔊

이상해 보여. 🔊　　　　　　　　　엉망진창인 것 같아. 🔊

익숙해. / 어디서 본 것 같아. 🔊　　모기 물린 자국 같아. 🔊

비가 올 것 같아. 🔊

STEP 3 실전 대화에서 연습하기
학습한 문장을 활용하여 실전 대화 연습을 합니다.

Emmy Did you cook all this yourself? 맛있어 보여. →
John Thank you. Let's dig in!

Emmy What is the weather like?
John 비가 올 것 같아. →　　　　You'd better take an umbrella.

Emmy 이 음식 직접 요리한 거야? 맛있어 보여. → It looks good.
John 고마워. 어서 먹자!

Emmy 날씨 어때?
John 비가 올 것 같아. → It looks like rain. 우산 가지고 가는 게 좋겠어.

Emmy 선생님의 tip!

'보다'의 see, look, watch 이 세 단어는 비슷한 듯하지만 의미가 달라요.

〈see〉 눈이 있어서 볼 수 있는 거예요. 의도하지 않고도 볼 수 있는 모든 것이죠.
I <u>saw</u> your book on the desk.　　　　책상 위에서 너의 책을 봤어.

〈look〉 일부러 의식해서 보는 것 즉, 쳐다보는 것이죠.
<u>Look</u> at the board!　　　　　　　　칠판 보세요!

〈watch〉 감상의 뉘앙스로 영화나 TV처럼 주의 깊게 한참을 보거나 감상하는 느낌이죠.
I like to <u>watch</u> baseball games.　　난 야구 경기 보는 걸 좋아해.

DAY 058

It sounds

일반동사 sound는 '들리다'라는 뜻입니다. 〈It sounds＋형용사〉는 '~하게 들려, (들리기에) ~인 것 같아'로 해석합니다. 또한, 〈It sounds＋like 명사〉를 써서 들은 내용(상대의 제안이나 어떤 대상)을 근거로 추측해서 '~인 것 같은데'로 말할 수 있습니다.

 **STEP 1 문장 익히기**   10번 반복해서 큰 소리로 읽어보며 내 것으로 만듭니다.

✓ 10번 반복 체크! ① ② ③ ④ ⑤ ⑥ ⑦ ⑧ ⑨ ⑩

It sounds good.	좋아.
It sounds fair.	공평한 것 같아.
It sounds fun.	재미있겠다.
It sounds like an excuse.	변명인 것 같은데.
It sounds like a plan.	좋은 생각이야.
It sounds like good news.	좋은 소식인 것 같은데.
It sounds like a lot of work.	할 일이 많을 것 같은데.

좋아.

공평한 것 같아.

재미있겠다.

변명인 것 같은데.

좋은 생각이야.

좋은 소식인 것 같은데.

할 일이 많을 것 같은데.

Emmy Why don't we have a surprise party for Eddy?
We could cook for him and ...

John Well, 할 일이 많을 것 같은데. →

Emmy How about eating somewhere fun this weekend?

John 좋은 생각이야. →

Emmy 우리 에디한테 깜짝 파티해 주는 건 어떨까?
요리를 해 줄 수도 있고...

John 음, 할 일이 많을 것 같은데. → it sounds like a lot of work.

Emmy 이번 주말에 재미있는 곳에서 외식하는 거 어때?

John 좋은 생각이야. → It sounds like a plan.

Emmy 선생님의 tip!

'많은'을 뜻하는 many, much, a lot of, lots of의 차이에 대해 알아보아요.

⟨many⟩ 셀 수 있는 명사 앞에만 쓸 수 있어요. many cars, many people
⟨much⟩ 셀 수 없는 명사와 함께 쓸 수 있어요. 단, 부정문과 의문문에만 쓰여요.
much time, much money, much work
그럼, 셀 수 없는 명사의 긍정문일 때는?
⟨a lot of⟩ 셀 수 있거나 없거나 모든 명사 앞에 사용 가능해요. a lot of food, a lot of books
⟨lots of⟩ 셀 수 있거나 없거나 모든 명사 앞에 사용하는데 회화에서 더 많이 사용하는 캐주얼
한 표현입니다.

I drink a lot of coffee. 난 커피를 많이 마셔.
I don't drink much coffee. 난 커피를 많이 마시지 않아.

It tastes

일반동사 taste는 '맛이 ~하다'라는 뜻인데, 〈It tastes+형용사〉 또는 〈It tastes+ like 명사〉로 써서 '~같은 맛이 나'의 의미를 나타낼 수 있습니다. 참고로 'delicious 맛있는'는 약간 과장된 표현으로 자주 사용하지 않습니다. 일반적으로 '맛있는'을 말할 때는 good 또는 great을 사용하는 것이 자연스럽습니다.

 **STEP 1 문장 익히기** 10번 반복해서 큰 소리로 읽어보며 내 것으로 만듭니다.

✓ 10번 반복 체크! ☐1 ☐2 ☐3 ☐4 ☐5 ☐6 ☐7 ☐8 ☐9 ☐10

It tastes good.	맛있어.
It tastes sour.	신맛이 나.
It tastes bitter.	쓴맛이 나.
It tastes funny.	맛이 이상해.
It tastes like nothing.	아무 맛도 안 나.
It tastes like tofu.	두부 같은 맛이 나.
It tastes like something's missing.	뭔가 빠진 듯한 맛이야.

맛있어. 🔊	아무 맛도 안 나. 🔊
신맛이 나. 🔊	두부 같은 맛이 나. 🔊
쓴맛이 나. 🔊	뭔가 빠진 듯한 맛이야. 🔊
맛이 이상해. 🔊	

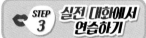

STEP 3 실전 대화에서 연습하기   학습한 문장을 활용하여 실전 대화 연습을 합니다.

Emmy   How does it taste?
John   맛있어. →   The food here is great.

Emmy   맛이 이상해. →   How old is this milk?
John   I think it has passed the expiration date.

Emmy   맛 어때?
John   맛있어. → It tastes good. 여기 음식 정말 맛있네.

Emmy   맛이 이상해. → It tastes funny. 이 우유 얼마나 된 거야?
John   유통 기한이 지난 거 같아.

Emmy 선생님의 tip!

〈funny〉는 '웃기는' 이외에 '이상한, 기묘한'의 의미도 있어요. 특히 맛이나 상황에 대해 funny가 쓰이면 '이상한, 약간 상한 듯한, 어색한'으로 사용돼요.

This milk tastes funny.	이 우유 맛이 이상한데.
It's funny that he works on Sundays.	그가 일요일에도 일한다니 뭔가 이상한데.
It smells funny, what are you cooking?	냄새가 좀 이상한데, 무슨 요리하는 거야?

1 다음 문장을 3초 안에 바로 말해볼까요?

❶ 시간이 필요해.

❷ 30분 걸려.

❸ 말이 되네.

❹ 그게 날 기분 좋게 해.

❺ 더 나아져.

❻ 쉽게 더러워져.

☆ 이렇게 말하면 돼요!

❶ It takes time.
❷ It takes 30 minutes.
❸ It makes sense.

❹ It makes me feel good.
❺ It gets better.
❻ It gets dirty easily.

❼ 좋아 보여. / 맛있어 보여.

❽ 좋은 생각인 것 같아.

❾ 변명인 것 같은데.

❿ 좋은 소식인 것 같은데.

⓫ 신맛이 나.

⓬ 아무 맛도 안 나.

⭐ 이렇게 말하면 돼요!

❼ It looks good.
❽ It looks like a good idea.
❾ It sounds like an excuse.
❿ It sounds like good news.
⓫ It tastes sour.
⓬ It tastes like nothing.

Emmy **How long does it take to get here?**
여기 오는 데 얼마나 걸려?

John ❶ _____
한 시간 걸려.

Emmy **Let's ride the pirate ship again!**
우리 바이킹 다시 타러 가자!

John **I'm scared to death.** ❷ _____
무서워 죽을 거 같아. 그게 날 어지럽게 해.

Emmy **She always gets away with stuff.**
❸ _____
걘 늘 이리저리 빠져나간단 말이야. 신경에 거슬려.

John **I know. She has no shame.**
맞아. 그 앤 염치도 없어.

★ 이렇게 말하면 돼요!

❶ It takes an hour.
❷ It makes me dizzy.
❸ It gets on my nerves.

Emmy What is the weather like?
날씨 어때?

John ❹ _____
You'd better take an umbrella.
비가 올 것 같아. 우산 가지고 가는 게 좋겠어.

Emmy How about eating somewhere fun this weekend?
이번 주말에 재미있는 곳에서 외식하는 거 어때?

John ❺ _____
좋은 생각이야.

Emmy ❻ _____ How old is this milk?
맛이 이상해. 이 우유 얼마나 된 거야?

John I think it has passed the expiration date.
유통 기한이 지난 거 같아.

☆ 이렇게 말하면 돼요!

❹ It looks like rain.
❺ It sounds like a plan.
❻ It tastes funny.

UNIT 8

조동사로
말하기 (1)

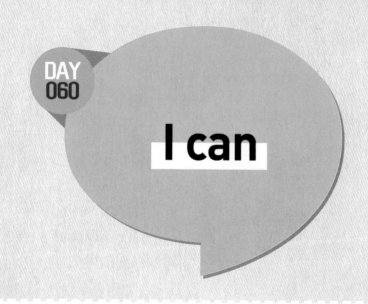

DAY 060

I can

조동사는 동사를 도와 문장을 풍부하게 꾸며주는 동사입니다. **I can**은 '나는 ~할 수 있어'의 뜻으로 나의 가능성이나 능력을 말할 때 사용합니다. 조동사 can 뒤에는 동사원형을 써야 합니다.

 **STEP 1 문장 익히기**   10번 반복해서 큰 소리로 읽어보며 내 것으로 만듭니다.

✓ 10번 반복 체크! 1 2 3 4 5 6 7 8 9 10

I can drive.	난 운전할 수 있어.
I can cook.	난 요리할 수 있어.
I can understand.	난 이해할 수 있어.
I can handle it.	내가 처리할 수 있어.
I can help you.	내가 널 도와줄 수 있어.
I can play pool well.	난 포켓볼을 잘 쳐.
I can do this all day.	난 하루 종일 할 수도 있어.

난 운전할 수 있어. 📢

내가 널 도와줄 수 있어. 📢

난 요리할 수 있어. 📢

난 포켓볼을 잘 쳐. 📢

난 이해할 수 있어. 📢

난 하루 종일 할 수도 있어. 📢

내가 처리할 수 있어. 📢

STEP 3 실전 대화에서 연습하기 학습한 문장을 활용하여 실전 대화 연습을 합니다.

Emmy Can you play billiards?

John Well, only a little. But 난 포켓볼을 잘 쳐. →

Emmy You are really good at this.

John 난 온종일 할 수도 있어. →

Emmy 너 당구 칠 줄 알아?

John 음, 아주 조금. 하지만 난 포켓볼을 잘 쳐. → I can play pool well.

Emmy 너 정말 이거 잘하는구나.

John 난 온종일 할 수도 있어. → I can do this all day.

Emmy 선생님의 tip!

스포츠 중에서 공으로 하거나 팀으로 하는 운동은 〈play+운동 이름〉으로 쓸 수 있어요. 그중 당구와 포켓볼도 play를 사용해요.

play billiards   당구를 치다
play pool   포켓볼을 치다
Let's go play pool.   포켓볼 치러 가자.

DAY 061
I can't

'나는 ~할 수 없어'라는 의미로 사용됩니다. can not의 축약형 can't는 미국식으로 발음하는 경우 can과 발음 구분이 어렵습니다. can은 뒤에 나오는 '동사'에 강세를 주고, can't는 can't 뒤에 나오는 동사보다 can't 자체에 더 강세를 주고 읽어야 합니다.

 **STEP 1 문장 익히기** 10번 반복해서 큰 소리로 읽어보며 내 것으로 만듭니다.

✓ 10번 반복 체크! ① ② ③ ④ ⑤ ⑥ ⑦ ⑧ ⑨ ⑩

I can't ski.	난 스키 못 타.
I can't tell.	난 말 못하겠어. / 티 안 나는데. / 잘 모르겠어.
I can't believe it.	난 믿을 수가 없어.
I can't help it.	나도 어쩔 수 없어.
I can't afford it.	난 그거 살 형편이 안돼. / 난 그거 살 여유가 없어.
I can't remember his name.	난 그 애 이름이 기억이 안 나.
I can't thank you enough.	내가 아무리 고마움을 표현해도 부족하네요. / 정말 감사합니다.

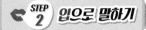
난 스키 못 타. 🔊

난 말 못하겠어. / 티 안 나는데. /
잘 모르겠어. 🔊

난 믿을 수가 없어. 🔊

나도 어쩔 수 없어. 🔊

난 그거 살 형편이 안 돼. /
난 그거 살 여유가 없어. 🔊

난 그 애 이름이 기억이 안 나. 🔊

내가 아무리 고마움을 표현해도
부족하네요. / 정말 감사합니다. 🔊

STEP 3 실전 대화에서 연습하기   학습한 문장을 활용하여 실전 대화 연습을 합니다.

Emmy   I got a new haircut. Can you tell?

John   You did? 티 안 나는데. →

Emmy   Why don't you buy a new car?

John   It's too expensive. 난 그거 살 여유가 없어. →

Emmy   나 머리 잘랐는데. 티 나?

John   그랬어? 티 안 나는데. → I can't tell.

Emmy   새 차 사는 게 어때?

John   너무 비싸. 난 그거 살 여유가 없어. → I can't afford it.

> **Emmy 선생님의 tip!**
>
> ⟨tell⟩은 '말하다' 외에도 '보다, 관찰하다'라는 의미가 있어요. 그래서 I can't tell(나 말 못 하겠어)이라고 사용되지만 '티 안 나, 난 잘 구분이 안 돼, 구별하지 못하겠어'라고도 해석이 가능해요. I can't tell the difference(별 차이 없어 보이는데)라고 쓸 수 있어요.

DAY 062
I can't wait

'기다릴 수가 없어'라는 뜻이므로 반대로 '(기다릴 수 없을 만큼) 정말 기대하고 있어'로 해석합니다. '정말 기대돼, 빨리 ~하고 싶어'라고 해석할 수도 있습니다. ⟨I can't wait+to동사원형⟩ 또는 ⟨I can't wait+for 명사⟩ 형태로 쓸 수 있습니다.

STEP 1 문장 익히기

10번 반복해서 큰 소리로 읽어보며 내 것으로 만듭니다.

✓ 10번 반복 체크! ① ② ③ ④ ⑤ ⑥ ⑦ ⑧ ⑨ ⑩

I can't wait to see you.	널 만나는 게 기대돼.
I can't wait to meet him.	그를 만나는 게 기대돼.
I can't wait to go there.	거기 가는 게 기대돼.
I can't wait to come back.	빨리 돌아가고 싶어.
I can't wait for Christmas.	크리스마스가 정말 기다려져.
I can't wait for the first snow.	첫눈이 정말 기다려져.
I can't wait for vacation.	휴가가 정말 기대돼.

널 만나는 게 기대돼. 📢   크리스마스가 정말 기다려져. 📢

그를 만나는 게 기대돼. 📢   첫눈이 정말 기다려져. 📢

거기 가는 게 기대돼. 📢   휴가가 정말 기대돼. 📢

빨리 돌아가고 싶어. 📢

STEP 3 실전 대화에서 연습하기   학습한 문장을 활용하여 실전 대화 연습을 합니다.

Emmy	Are you going away for vacation?
John	Yes, I'm going to Sydney with my family.
	거기 가는 게 기대돼. →

Emmy	What's your plan for the Christmas holidays?
John	I'm going to attend a family gathering.
	I enjoy exchanging Christmas gifts with my family.
	난 크리스마스가 정말 기다려져. →

Emmy	너 휴가에 어디 가니?
John	응, 가족하고 시드니에 갈 거야. 거기 가는 게 기대돼. → I can't wait to go there.
Emmy	크리스마스 연휴에 계획 있어?
John	가족 모임에 참석할 거야. 난 가족들하고 크리스마스 선물 교환하는 게 즐거워.
	난 크리스마스가 정말 기다려져. → I can't wait for Christmas.

Emmy 선생님의 tip!

holiday vs vacation

holiday는 달력의 빨간 날 즉 크리스마스와 같은 '공휴일'을 의미해요. 단, 영국에서는 holiday 를 '휴가'로도 사용해요. vacation은 여름휴가처럼 개인적으로 쉬기로 선택한 '휴가'나 학교의 '방학'을 의미해요.

My favorite <u>holiday</u> is Christmas.   내가 가장 좋아하는 공휴일은 크리스마스야.
I went to Hawaii last week for <u>vacation</u>. 지난주에 휴가로 하와이에 갔었어.

DAY 063
I can't stand

'난 참을 수 없어, 못 견디겠어'라는 의미입니다. 여기서 동사 stand는 '서다'가 아니라 '참다, 견디다'라는 뜻으로 사용되었습니다. 〈I can't stand+동사원형ing〉로 쓰면 '~하는 것을 못 참겠어'로 해석됩니다. 참고로 can't stand는 부정문으로만 쓰입니다.

 **STEP 1 문장 익히기**   10번 반복해서 큰 소리로 읽어보며 내 것으로 만듭니다.

✓ 10번 반복 체크! ① ② ③ ④ ⑤ ⑥ ⑦ ⑧ ⑨ ⑩

I can't stand it anymore.	난 더 이상 못 참겠어.
I can't stand my boss.	난 내 상사를 못 참겠어.
I can't stand the heat.	난 더위를 못 참겠어.
I can't stand that music.	난 그 음악 못 참겠어.
I can't stand your nagging.	나 네 잔소리 못 참겠어.
I can't stand living here.	나 여기 사는 거 못 참겠어.
I can't stand waiting in line.	나 줄 서는 거 못 참겠어.

난 더 이상 못 참겠어.    나 네 잔소리 못 참겠어.

난 내 상사를 못 참겠어.   나 여기 사는 거 못 참겠어.

난 더위를 못 참겠어.   나 줄 서는 거 못 참겠어.

난 그 음악 못 참겠어.

STEP 3 실전 대화에서 연습하기 학습한 문장을 활용하여 실전 대화 연습을 합니다.

Emmy What's going on between you and your boss?
Did you guys have a fight or something?

John 난 내 상사를 못 참겠어. →
He is so moody and hot-tempered.

Emmy 난 그 음악 못 참겠어. →   Can you turn it off?

John What's wrong with it? I love this song.

Emmy 너랑 상사 사이에 무슨 일 있어? 싸우기라도 한 거야?

John 난 내 상사를 못 참겠어. → I can't stand my boss.
기분 변화가 정말 심하고 다혈질이야.

Emmy 난 그 음악 못 참겠어. → I can't stand that music. 그것 좀 꺼줄래?

John 뭐가 문제야? 난 이 노래 정말 좋은데.

Emmy 선생님의 tip!

〈줄 서다〉는 in line인데요. Are you in line?(줄 서 있는 건가요?)이라고 간단히 물어볼 수 있어요.
Line up. (= Stand in line., Wait in line.) 줄 서세요.
Don't cut in line.   새치기하지 마세요.

참고로 영국에서는 '줄 서다'를 queue라고 말해요. 그래서 영국에 가면 Please queue here(여
기 줄을 서 주세요)라고 쓰여 있으니 참고하세요.

DAY 064

Can I ~?

상대방에게 '제가 ~해도 될까요?'의 뜻으로 허락이나 허가를 받을 때 사용하는 활용도 200%의 아주 유용한 문장입니다. 주문할 때나 누군가에게 부탁할 때 쓸 수 있는 만능 문장입니다. 〈Can I+동사원형〉이며, 아주 정중하게는 〈May I+동사원형〉을 사용할 수 있습니다.

STEP 1 문장 익히기

10번 반복해서 큰 소리로 읽어보며 내 것으로 만듭니다.

✓ 10번 반복 체크! ① ② ③ ④ ⑤ ⑥ ⑦ ⑧ ⑨ ⑩

Can I have some water?	물 좀 주실래요?
Can I try on this shirt?	이 셔츠 입어 봐도 되나요?
Can I sit here?	나 여기 앉아도 돼?
Can I use the bathroom?	나 화장실 좀 써도 돼?
Can I get a refill?	저 리필해 주시겠어요?
Can I make a dinner reservation?	저 저녁 예약 가능할까요?
Can I ask you a favor?	내가 부탁 하나 해도 될까?

3초 안에 영어로 말할 수 없다면 다시 STEP 1에서 연습합니다.

물 좀 주실래요?

이 셔츠 입어 봐도 되나요?

나 여기 앉아도 돼?

나 화장실 좀 써도 돼?

저 리필해 주시겠어요?

저 저녁 예약 가능할까요?

내가 부탁 하나 해도 될까?

학습한 문장을 활용하여 실전 대화 연습을 합니다.

Emmy Excuse me, 이 셔츠 입어 봐도 되나요? →
John Certainly, the fitting rooms are over there.

Emmy Hello, 저 저녁 예약 가능할까요? →
John Of course, for which day and for what time?

Emmy 실례합니다만, 이 셔츠 입어 봐도 되나요? → can I try on this shirt?
John 당연하죠, 저쪽에 탈의실이 있어요.

Emmy 여보세요, 저 저녁 예약 가능할까요? → can I make a dinner reservation?
John 그럼요, 무슨 요일과 몇 시인가요?

Emmy 선생님의 tip!

'화장실'을 영어로 하면?
가정집에 있는 화장실은 bathroom이라고 말해요. 식당이나 일반적인 공중화장실은 보통 restroom이에요. 참고로 toilet은 미국에서는 변기로만 쓰이고, 영국에서는 화장실로도 쓰여요.

DAY 065

Can you ~?

'~할 수 있어?'의 뜻으로 상대방의 능력을 물어볼 수도 있지만, '~해 주세요'라는 의미로 부탁할 때 더 많이 쓰입니다. 더 정중하게는 Would you 또는 Could you로 물어볼 수 있어요.

 **STEP 1 문장 익히기**   10번 반복해서 큰 소리로 읽어보며 내 것으로 만듭니다.

✓ 10번 반복 체크! ① ② ③ ④ ⑤ ⑥ ⑦ ⑧ ⑨ ⑩

Can you lend me a pen?	펜 좀 빌려줄 수 있어?
Can you fix this?	이것 좀 고쳐 줄래?
Can you give me a hand?	나 좀 도와줄 수 있어?
Can you clean that for me?	이것 좀 치워 주실래요?
Can you hold that for me?	이것 좀 들어 주실래요?
Can you keep a secret?	비밀 지킬 수 있지?
Can you get me a cup of coffee?	커피 한 잔 가져다줄래요?

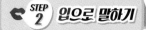

STEP 2 입으로 말하기 3초 안에 영어로 말할 수 없다면 다시 STEP 1에서 연습합니다.

펜 좀 빌려줄 수 있어? 🔊 　　　　이것 좀 들어 주실래요? 🔊

이것 좀 고쳐 줄래? 🔊 　　　　비밀 지킬 수 있지? 🔊

나 좀 도와줄 수 있어? 🔊 　　　　커피 한 잔 가져다줄래요? 🔊

이것 좀 치워 주실래요? 🔊

STEP 3 실전 대화에서 연습하기 학습한 문장을 활용하여 실전 대화 연습을 합니다.

Emmy 나 좀 도와줄 수 있어? →
John Sorry, I'm on the phone now.

Emmy 커피 한 잔 가져다줄래요? →
John I'd be glad to. Do you take sugar in your coffee?

Emmy 나 좀 도와줄 수 있어? → Can you give me a hand?
John 미안, 나 지금 통화 중이야.

Emmy 커피 한 잔 가져다줄래요? → Can you get me a cup of coffee?
John 물론이죠. 커피에 설탕 넣나요?

Emmy 선생님의 tip!

〈lend〉 '빌려주다'와 〈borrow〉 '빌리다'는 비슷한 듯하지만 다른 단어이므로 주의해서 써야 해요. 우선, lend는 '누구에게 (빌려) 준다'라고 생각하면 돼요. 그러므로 〈lend+빌려주는 사람〉처럼 구체적으로 말해요. borrow는 빌리는 거예요. '누군가에게서 빌려 가져오다'라는 뜻이에요.

Can I borrow your phone? 　　　전화 좀 빌릴 수 있을까요?
Can you lend me your phone? 　　전화 좀 빌릴 수 있을까요?

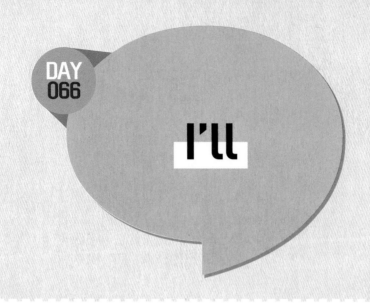

DAY 066

I'll

미래 시제를 나타내는 will의 축약형 〈I'll+동사원형〉은 '~할 거야, ~ 할게'라고 해석할 수 있습니다. DAY 28에서 배운 계획된 미래 I'm going to와 달리 즉흥적이고, 바로 그 자리에서 급히 결정된 미래에 쓰입니다. 참고로 I will을 축약형으로 쓰지 않는다면 I will go(난 가고야 말 거야)처럼 강한 의지를 나타낼 수 있습니다.

 **STEP 1 문장 익히기** 10번 반복해서 큰 소리로 읽어보며 내 것으로 만듭니다.

✓ 10번 반복 체크! ① ② ③ ④ ⑤ ⑥ ⑦ ⑧ ⑨ ⑩

I'll work late.	나 야근할 거야.
I'll have coffee.	나 커피로 할게.
I'll bring it.	내가 그거 가져갈게.
I'll help you.	내가 널 도와줄게.
I'll be back.	나 돌아올게.
I'll be late.	나 늦을 거야.
I'll be there in five minutes.	나 5분 후에 거기로 갈게.

나 야근할 거야. 📢   나 돌아올게. 📢

나 커피로 할게. 📢   나 늦을 거야. 📢

내가 그거 가져갈게. 📢   나 5분 후에 거기로 갈게. 📢

내가 널 도와줄게. 📢

STEP 3 **실전 대화에서 연습하기** 학습한 문장을 활용하여 실전 대화 연습을 합니다.

Emmy   Hello, I need to talk to you about something.
          Will you be home tonight?

John   No, I won't. 나 야근할 거야. →
          How about tomorrow evening?

Emmy   Hey, what time will you pick me up?
John   나 5분 후에 거기로 갈게. →

Emmy   여보세요. 너한테 뭐 좀 이야기할 게 있는데.
          오늘 밤에 집에 있을 거야?
John   아니. 나 야근할 거야. → I'll work late. 내일 저녁은 어때?

Emmy   안녕, 몇 시에 데리러 올 거야?
John   나 5분 후에 거기로 갈게. → I'll be there in five minutes.

Emmy 선생님의 tip!

〈in+시간[기간]〉으로 나타내면 미래 시점으로 '(지금으로부터) ~ 후에'로 해석된답니다.
I'll see you in 5 minutes.   5분 있다가 만나.
I'll be back in a week.   일주일 후에 돌아올 거야.

참고로 〈after〉는 숫자가 아닌 특정 시점과 함께 쓰여요.
I want to see you after lunch.   점심 식사 후에 너를 만나고 싶어.
I'll be busy after work.   난 퇴근 후에 바쁠 것 같아.

DAY 067

I'd like

I would like의 축약형 **I'd like**입니다. 〈I'd like+명사〉 또는 〈I'd like+to 동사 원형〉으로 사용합니다. I want를 공손하게 표현하여 '～하고 싶어요, ～해 주세요, ～을 원해요'라고 해석할 수 있습니다.

 **STEP 1 문장 익히기**   10번 반복해서 큰 소리로 읽어보며 내 것으로 만듭니다.

✓ 10번 반복 체크! 1 2 3 4 5 6 7 8 9 10

I'd like a sandwich.	샌드위치 주세요.
I'd like a coffee.	커피 한 잔 주세요.
I'd like a box for leftovers.	남은 음식 포장해 갈 상자 주세요.
I'd like to order.	주문하고 싶은데요.
I'd like to drink beer.	맥주 마시고 싶은데요.
I'd like to buy a ticket.	티켓 한 장 사고 싶은데요.
I'd like to get a refund.	환불받고 싶은데요.

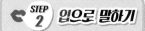

STEP 2 입으로 말하기
3초 안에 영어로 말할 수 없다면 다시 STEP 1에서 연습합니다.

샌드위치 주세요. 🔊

커피 한 잔 주세요. 🔊

남은 음식 포장해 갈 상자 주세요. 🔊

주문하고 싶은데요. 🔊

맥주 마시고 싶은데요. 🔊

티켓 한 장 사고 싶은데요. 🔊

환불받고 싶은데요. 🔊

STEP 3 실전 대화에서 연습하기
학습한 문장을 활용하여 실전 대화 연습을 합니다.

Emmy 주문하고 싶은데요. →   Can I have some pizza?
John What kind of toppings would you like?

Emmy How may I help you?
John 환불받고 싶은데요. →   It doesn't fit.

Emmy 주문하고 싶은데요. → I'd like to order. 저 피자로 주세요.
John 어떤 토핑 원하시나요?

Emmy 어떻게 도와 드릴까요?
John 환불받고 싶은데요. → I'd like to get a refund. 잘 맞지 않아요.

Emmy 선생님의 tip!

〈coffee〉처럼 액체인 경우는 셀 수 없는 명사로 a coffee, two coffees 이렇게 표현할 수 없어요. 그래서 컵에 담아 a cup of coffee(커피 한 잔), two cups of coffee(커피 두 잔)로 셀 수 있어요. 하지만 실제 원어민들은 커피를 주문할 때 이렇게 말해요.

I'd like a coffee.   커피 하나 주세요.
Tow lattes, please.   카페라테 두 잔이요.

커피 자체는 셀 수 없는 명사이지만, 예외적으로 카페나 식당에서 주문할 때, a coffee(커피 한 잔), two coffees(커피 두 잔) 이렇게 말하는 경우가 많아요.

I like coffee.   저는 커피를 좋아해요. (일반적인 커피는 셀 수 없어요.)
I've had two coffees today.   오늘 커피 두 잔 마셨어요. (카페에서 판매되는 제품으로, two cups of coffee를 말해요.)

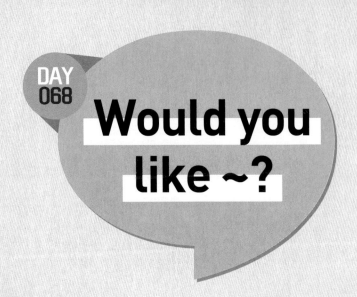

DAY 068
Would you like ~?

상대방에게 예의 바르게 권하는 표현으로 '~하실래요?'라는 뜻입니다. 〈Would you like+명사〉 또는 〈Would you like+to 동사원형〉으로 '~하는 것이 어떻습니까?'라고 정중하게 쓸 수 있습니다.

 **STEP 1 문장 익히기** 10번 반복해서 큰 소리로 읽어보며 내 것으로 만듭니다.

✓ 10번 반복 체크! ☐1 ☐2 ☐3 ☐4 ☐5 ☐6 ☐7 ☐8 ☐9 ☐10

Would you like a drink?	음료 좀 드실래요?
Would you like some more?	좀 더 드실래요?
Would you like an extra shot?	샷 추가하실래요?
Would you like to go hiking?	등산 가실래요?
Would you like to go to an exhibition?	전시회 가실래요?
Would you like to take a walk in the park?	공원에서 산책하실래요?
Would you like to have dinner with me?	저와 함께 저녁 식사 하실래요?

3초 안에 영어로 말할 수 없다면 다시 STEP 1에서 연습합니다.

음료 좀 드실래요? 📢

좀 더 드실래요? 📢

샷 추가하실래요? 📢

등산 가실래요? 📢

전시회 가실래요? 📢

공원에서 산책하실래요? 📢

저와 함께 저녁 식사 하실래요? 📢

STEP 3 실전 대화에서 연습하기 학습한 문장을 활용하여 실전 대화 연습을 합니다.

Emmy 좀 더 드실래요? →

John Sure, I'd like to have some more cheese cake.

Emmy What would you like to do this weekend?
전시회 가실래요? →

John I'd like to, but I have to babysit my niece.

Emmy 좀 더 드실래요? → Would you like some more?
John 물론이죠. 저 치즈 케이크 더 먹고 싶어요.

Emmy 이번 주말에 뭐 하고 싶어요?
전시회 가실래요? → Would you like to go to an exhibition?
John 가고 싶은데, 제 조카 돌봐야만 해요.

Emmy 선생님의 tip!

hiking vs climbing
일반적으로 등산을 간다고 하면 go hiking이지만, 전문적인 장비를 갖추고 험한 산을 등반한다
면 mountain climbing이에요.

I went **hiking** yesterday. 나 어제 등산하러 갔어.
I went mountain **climbing** yesterday. 나 어제 등반 갔어.

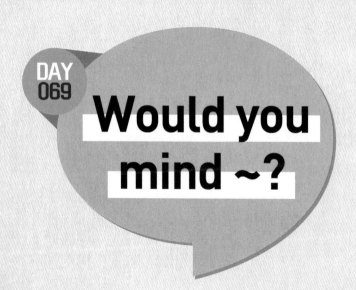

DAY 069
Would you mind ~?

mind는 '신경 쓰다, 꺼리다, 언짢아하다'라는 뜻입니다. **Would you mind**를 직역하면 '~하는 것을 꺼리시나요?'이지만, '~해도 괜찮으세요?, ~해주시겠어요?'라고 해석하여 다른 사람에게 아주 예의 바르게 부탁이나 요청을 할 때 씁니다. 〈Would you mind+동사원형ing〉로 쓸 수 있습니다.

 **STEP 1 문장 익히기** 10번 반복해서 큰 소리로 읽어보며 내 것으로 만듭니다.

✓ 10번 반복 체크! ① ② ③ ④ ⑤ ⑥ ⑦ ⑧ ⑨ ⑩

Would you mind helping me?	저 좀 도와 주시겠어요?
Would you mind carrying my bag?	제 가방 좀 들어 주시겠어요?
Would you mind opening the window?	창문 좀 열어 주시겠어요?
Would you mind taking out the trash?	쓰레기 좀 버려 주실 수 있나요?
Would you mind taking a picture?	사진 좀 찍어 주시겠어요?
Would you mind turning off the music?	그 음악 좀 꺼주실 수 있나요?
Would you mind driving me to the airport?	공항까지 저 좀 데려다 주실 수 있나요?

3초 안에 영어로 말할 수 없다면 다시 STEP 1에서 연습합니다.

저 좀 도와 주시겠어요? 📢

제 가방 좀 들어 주시겠어요? 📢

창문 좀 열어 주시겠어요? 📢

쓰레기 좀 버려 주실 수 있나요? 📢

사진 좀 찍어 주시겠어요? 📢

그 음악 좀 꺼주실 수 있나요? 📢

공항까지 저 좀 데려다 주실 수 있나요? 📢

학습한 문장을 활용하여 실전 대화 연습을 합니다.

Emmy 창문 좀 열어 주시겠어요? →

John No, not at all.

Emmy 쓰레기 좀 버려 주실 수 있나요? →

John I'm sorry, I'm in the middle of something now.

Emmy 창문 좀 열어 주시겠어요? → Would you mind opening the window?

John 물론이죠.

Emmy 쓰레기 좀 버려 주실 수 있나요? → Would you mind taking out the trash?

John 미안해요, 제가 지금 뭐 좀 하는 중이라서요.

Emmy 선생님의 tip!

〈Would you mind ~?〉는 '신경 쓰이시나요?, 꺼리시나요?, ~하는 것이 당신에게 방해가 되나요?'라는 의미예요. 그래서 대답할 때 주의해야 하는데요.

허락할 때는 'No, I don't mind(아니에요, 괜찮습니다), No, not at all(아니, 전혀요)'이고, 반대로 허락해 줄 수 없을 때는 정중하게 〈I'm sorry but+문제 되는 이유〉를 쓰면 돼요. 단순히 Yes라고 한다면 '네 꺼려요!'라는 표현으로 속 좁은 사람처럼 보이니 주의하세요.

Q: Would you mind waiting a minute or two?   1~2분 정도 기다려 주시겠어요? (기다리는 거 꺼리시나요?)

A: No, not at all.   기다릴 수 있어요. (수락: 아니요, 꺼리지 않아요.)

A: I'm sorry but I'm busy.   죄송하지만 제가 바빠서요. (거절)

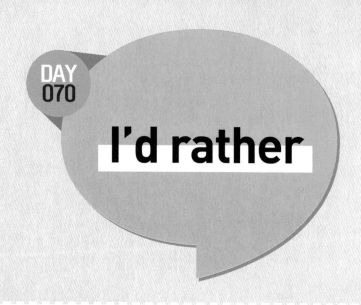

DAY 070

I'd rather

I'd는 I would의 줄임말이고, rather는 '오히려, 어느 쪽이냐 하면'이라고 해석하는 부사입니다. rather 뒤에 동사원형을 쓰고, '차라리 ~하고 싶다, ~보다 차라리 …하겠어, ~하는게 낫겠어'라는 의미로 이것보다 저게 좋다고 자신이 선호하는 것을 구체적으로 표현할 수 있습니다.

STEP 1 문장 익히기

10번 반복해서 큰 소리로 읽어보며 내 것으로 만듭니다.

✓ 10번 반복 체크! ① ② ③ ④ ⑤ ⑥ ⑦ ⑧ ⑨ ⑩

I'd rather stay home.	그냥 집에 있을래.
I'd rather have coffee.	커피를 마시는 게 낫겠어.
I'd rather wait.	기다리는 게 낫겠어.
I'd rather take a subway.	지하철을 타는 게 낫겠어.
I'd rather be alone.	그냥 혼자 있을래.
I'd rather tell the truth.	차라리 진실을 말하는 게 낫겠어.
I'd rather give up.	포기하는 게 낫겠어.

STEP 2 입으로 말하기 3초 안에 영어로 말할 수 없다면 다시 STEP 1에서 연습합니다.

그냥 집에 있을래. 🔊   그냥 혼자 있을래. 🔊

커피를 마시는 게 낫겠어. 🔊   차라리 진실을 말하는 게 낫겠어. 🔊

기다리는 게 낫겠어. 🔊   포기하는 게 낫겠어. 🔊

지하철을 타는 게 낫겠어. 🔊

STEP 3 실전 대화에서 연습하기 학습한 문장을 활용하여 실전 대화 연습을 합니다.

Emmy	Would you like some orange juice?
John	If you have some, 커피를 마시는 게 낫겠어. →
Emmy	Do you want to go for a drink tonight?
John	Sorry, I'm kind of tired. 그냥 집에 있을래. →

Emmy	오렌지주스 드시겠어요?
John	혹시 커피가 있다면, 커피를 마시는 게 낫겠어. → I'd rather have coffee.
Emmy	오늘 밤에 술 한잔하러 갈래?
John	미안, 나 조금 피곤해. 그냥 집에 있을래. → I'd rather stay home.

Emmy 선생님의 tip!

I'd rather의 부정문은 〈I'd rather not〉으로 쓰여 '차라리 ~하지 않는 게 좋겠어요'라고 쓸 수 있어요.

I'd rather not.   난 안 하는 게 좋겠어. / 거절할게.
I'd rather not answer that.   난 대답하지 않는 게 좋겠어.
I'd rather not go out tonight.   난 오늘 밤에 외출하지 않는 게 좋겠어.

DAY 071
You'd better

You'd는 You had의 줄임말로 〈You had better+동사원형〉은 '~하는 게 좋을 거야, ~하는 게 낫겠어'라는 의미로 쓰입니다. 가까운 미래에 무언가 해야 한다는 강력한 충고나 제안, 때로는 경고, 강한 지시를 나타내어 '안 하면 큰일 날 거야'라고 들리므로 주의해서 사용해야 합니다.

 **STEP 1 문장 익히기**   10번 반복해서 큰 소리로 읽어보며 내 것으로 만듭니다.

✓ 10번 반복 체크!   1 2 3 4 5 6 7 8 9 10

You'd better hurry.	너 서두르는 게 좋을 거야.
You'd better go.	너 가는 게 좋을 거야.
You'd better be careful.	너 조심하는 게 좋을 거야.
You'd better quit smoking.	너 담배 끊는 게 좋을 거야.
You'd better tell the truth.	너 사실대로 말하는 게 좋을 거야.
You'd better break up with him.	너 그와 헤어지는 게 좋을 거야.
You'd better be right.	네가 맞는 게 좋을 거야. / 틀림없겠지.

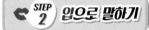

STEP 2 입으로 말하기

3초 안에 영어로 말할 수 없다면 다시 STEP 1에서 연습합니다.

너 서두르는 게 좋을 거야. 🔊

너 사실대로 말하는 게 좋을 거야. 🔊

너 가는 게 좋을 거야. 🔊

너 그와 헤어지는 게 좋을 거야. 🔊

너 조심하는 게 좋을 거야. 🔊

네가 맞는 게 좋을 거야. / 틀림없겠지. 🔊

너 담배 끊는 게 좋을 거야. 🔊

STEP 3 실전 대화에서 연습하기

학습한 문장을 활용하여 실전 대화 연습을 합니다.

Emmy 너 서두르는 게 좋을 거야. →

John Would you relax? The restaurant's like five minutes away from here.

Emmy 너 사실대로 말하는 게 좋을 거야. →

John I'm telling you the truth. Please believe me.

Emmy 너 서두르는 게 좋을 거야. → You'd better hurry.
John 진정 좀 할래? 식당 여기서 5분밖에 안 걸려.

Emmy 너 사실대로 말하는 게 좋을 거야. → You'd better tell the truth.
John 난 정말 사실을 말하고 있어. 나 좀 믿어줘.

> **Emmy 선생님의 tip!**
>
> 〈You'd better〉'~해야 한다'는 강한 충고로 안 하면 큰일 날 것 같은 강력한 메시지로 들려요.
> 〈You should〉'~하는 게 좋겠어'는 친한 친구 사이에 가벼운 조언으로 생각하면 돼요. 단순히
> 내 생각을 이야기해서 조언을 주었을 뿐 하든지 안 하든지 상관은 없어요.
>
> **You'd better study.** 너 공부하는 게 좋을 거야. (안 하면 시험 떨어질걸? 이런 강한 경고)
> **You should study.** 너 공부하는 게 좋겠어. (가벼운 조언, 본인의 생각으로 조언)

❶ 난 이해할 수 있어.

❷ 내가 널 도와줄 수 있어.

❸ 난 믿을 수가 없어.

❹ 나도 어쩔 수 없어.

❺ 널 만나는 게 기대가 돼.

❻ 크리스마스가 정말 기다려져.

❼ 난 더 이상 못 참겠어.

❽ 나 네 잔소리 못 참겠어.

❾ 물 좀 주실래요?

❿ 나 여기 앉아도 돼?

⓫ 펜 좀 빌려줄 수 있어?

⓬ 비밀 지킬 수 있지?

☆ 이렇게 말하면 돼요!

❶ I can understand.
❷ I can help you.
❸ I can't believe it.
❹ I can't help it.
❺ I can't wait to see you.
❻ I can't wait for Christmas.
❼ I can't stand it anymore.
❽ I can't stand your nagging.
❾ Can I have some water?
❿ Can I sit here?
⓫ Can you lend me a pen?
⓬ Can you keep a secret?

⑬ 나 야근할 거야.

⑭ 나 돌아올게.

⑮ 샌드위치 주세요.

⑯ 티켓 한 장 사고 싶은데요.

⑰ 음료 좀 드실래요?

⑱ 등산 가실래요?

⑲ 저 좀 도와 주시겠어요?

⑳ 사진 좀 찍어 주시겠어요?

㉑ 커피를 마시는 게 낫겠어.

㉒ 그냥 혼자 있을래.

㉓ 너 가는 게 좋을 거야.

㉔ 너 사실대로 말하는 게 좋을 거야.

☆ 이렇게 말하면 돼요!

⑬ I'll work late.
⑭ I'll be back.
⑮ I'd like a sandwich.
⑯ I'd like to buy a ticket.
⑰ Would you like a drink?
⑱ Would you like to go hiking?

⑲ Would you mind helping me?
⑳ Would you mind taking a picture?
㉑ I'd rather have coffee.
㉒ I'd rather be alone.
㉓ You'd better go.
㉔ You'd better tell the truth.

Emmy Can you play billiards?
너 당구 칠 줄 알아?

John Well, only a little. But ❶ _____
음, 아주 조금. 하지만 난 포켓볼을 잘 쳐.

Emmy Why don't you buy a new car?
새 차 사는 게 어때?

John It's too expensive. ❷ _____
너무 비싸. 난 그거 살 여유가 없어.

Emmy Are you going away for vacation?
너 휴가에 어디 가니?

John Yes, I'm going to Sydney with my family.
❸ _____
응, 가족들하고 시드니에 갈 거야. 거기 가는 게 기대돼.

Emmy ❹ _____ Can you turn it off?
난 그 음악 못 참겠어. 그것 좀 꺼줄래?

John What's wrong with it? I love this song.
뭐가 문제야? 난 이 노래 정말 좋은데.

Emmy Excuse me, ❺ _____
실례합니다만, 이 셔츠 입어 봐도 되나요?

John Certainly, the fitting rooms are over there.
당연하죠. 저쪽에 탈의실이 있어요.

Emmy ❻ _____
나 좀 도와줄 수 있어?

John Sorry, I'm on the phone now.
미안, 나 지금 통화 중이야.

☆ 이렇게 말하면 돼요!

❶ I can play pool well.
❷ I can't afford it.
❸ I can't wait to go there.
❹ I can't stand that music.
❺ can I try on this shirt?
❻ Can you give me a hand?

Emmy Hey, what time will you pick me up?
안녕, 몇 시에 데리러 올 거야?

John ❼ _____
나 5분 후에 거기로 갈게.

Emmy How may I help you?
어떻게 도와 드릴까요?

John ❽ _____ It doesn't fit.
환불받고 싶은데요. 잘 맞지 않아요.

Emmy ❾ _____
좀 더 드실래요?

John Sure, I'd like to have some more cheesecake.
물론이죠. 저 치즈 케이크 더 먹고 싶어요.

Emmy ❿ _____
창문 좀 열어 주시겠어요?

John No, not at all.
물론이죠.

Emmy Would you like some orange juice?
오렌지주스 드시겠어요?

John If you have some, ⓫ _____
혹시 커피가 있다면, 커피를 마시는 게 낫겠어.

Emmy ⓬ _____
너 서두르는 게 좋을 거야.

John Would you relax? The restaurant's like five minutes away from here.
진정 좀 할래? 식당 여기서 5분밖에 안 걸려.

☆ 이렇게 말하면 돼요!

❼ I'll be there in five minutes.
❽ I'd like to get a refund.
❾ Would you like some more?
❿ Would you mind opening the window?
⓫ I'd rather have coffee.
⓬ You'd better hurry.

UNIT 9
조동사로
말하기 (2)

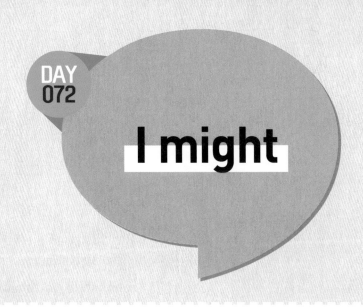

DAY 072

I might

조동사 might는 불확실한 미래에 대한 가정이나 추측을 나타냅니다. 30% 정도의 가능성이며 확신이 아주 낮을 때 '～일지도 몰라'라고 사용합니다. may가 좀 더 높은 가능성을 의미하지만 같은 의미로 쓸 수 있습니다. 〈might＋동사원형〉으로 씁니다.

 **STEP 1 문장 익히기**   10번 반복해서 큰 소리로 읽어보며 내 것으로 만듭니다.

✓ 10번 반복 체크! ① ② ③ ④ ⑤ ⑥ ⑦ ⑧ ⑨ ⑩

I might be home.	나 집에 있을지도 몰라.
I might be late.	나 늦을지도 몰라.
I might be wrong.	내가 틀렸을지도 몰라.
I might call you.	내가 전화할지도 몰라.
I might get married.	나 결혼할지도 몰라.
I might go study abroad.	나 유학 갈지도 몰라.
I might be in class tomorrow.	나 내일 수업 갈지도 몰라.

나 집에 있을지도 몰라. 📢

나 결혼할지도 몰라. 📢

나 늦을지도 몰라. 📢

나 유학 갈지도 몰라. 📢

내가 틀렸을지도 몰라. 📢

나 내일 수업 갈지도 몰라. 📢

내가 전화할지도 몰라. 📢

STEP 3 실전 대화에서 연습하기 학습한 문장을 활용하여 실전 대화 연습을 합니다.

Emmy What are you going to do tonight?
John I don't know. 나 집에 있을지도 몰라. →

Emmy 나 결혼할지도 몰라. →
I think my boyfriend will propose on my birthday.
John Good for you!

Emmy 오늘 밤에 뭐 할 거야?
John 몰라. 나 집에 있을지도 몰라. → I might be home.

Emmy 나 결혼할지도 몰라. → I might get married.
내 남자친구가 내 생일에 청혼할 것 같거든.
John 잘됐다!

Emmy 선생님의 tip!

〈marry〉는 복잡하고 어려운 것 같아요. 같이 정리해 볼까요?

청혼할 때 '나랑 결혼해줄래?'는 Will you marry me? 처럼 〈marry+대상〉을 써요.
be married는 결혼한 상태로 아래와 같이 표현할 수 있어요.

He is married.	그는 기혼이에요.
Are you married?	결혼하셨나요?
I want to be married.	나 결혼하고 싶어요.

get married는 '결혼식을 하다'로 아래와 같이 표현해요.

I got married 3 years ago.	전 3년 전에 결혼식을 했어요.
I'm getting married next month.	전 다음 달에 결혼식을 해요.

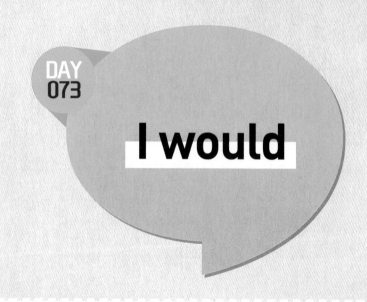

DAY 073

I would

조동사 would는 어떤 상황에 대해 상상하여 가정할 때 쓸 수 있습니다. **I would**는
'(그런 상황에서) 나라면 ～하겠어'로 강한 의지를 나타낼 수 있습니다. would 뒤에는
동사원형을 씁니다.

 **STEP 1 문장 익히기**   10번 반복해서 큰 소리로 읽어보며 내 것으로 만듭니다.

✓ 10번 반복 체크! ☐1 ☐2 ☐3 ☐4 ☐5 ☐6 ☐7 ☐8 ☐9 ☐10

I would go there.	나라면 거기 가겠어.
I would call her.	나라면 그 애에게 전화하겠어.
I would have a party.	나라면 파티를 열겠어.
I would listen to him.	나라면 그 애 이야기를 듣겠어.
I would buy a new car.	나라면 새 차를 사겠어.
I would ask her out.	나라면 그 애에게 데이트 신청하겠어.
I would try my best.	나라면 최선을 다할 거야.

나라면 거기 가겠어. 📢　　　나라면 새 차를 사겠어. 📢

나라면 그 애에게 전화하겠어. 📢　　　나라면 그 애에게 데이트 신청하겠어. 📢

나라면 파티를 열겠어. 📢　　　나라면 최선을 다할 거야. 📢

나라면 그 애 이야기를 듣겠어. 📢

STEP 3 실전 대화에서 연습하기 학습한 문장을 활용하여 실전 대화 연습을 합니다.

Emmy　Should I go to the party or not?

John　나라면 거기 가겠어. →

　　　It sounds like a cool party.

Emmy　Sorry, I'm late. My car broke down again.

John　That's too bad. 나라면 새 차를 사겠어. →

Emmy　내가 그 파티에 가야 할까 말아야 할까?

John　나라면 거기 가겠어. → I would go there.

　　　멋진 파티 같은데.

Emmy　죄송해요, 늦었네요. 제 차가 또 고장 났어요.

John　너무 안됐네. 나라면 새 차를 사겠어. → I would buy a new car.

Emmy 선생님의 tip!

〈ask somebody out〉은 '~에게 데이트 신청하다, 고백하다'라는 표현이에요.

I asked Emmy out yesterday.　　　나 어제 에미에게 데이트 신청했어.

John asked me out.　　　존이 나에게 데이트 신청했어.

그리고 〈go out〉은 '사귀다, ~와 호감을 가지고 만나다'라는 표현이에요.

I'm going out with John. It's been 6 months.　　　나 존이랑 만나고 있어. 6개월 되었어.

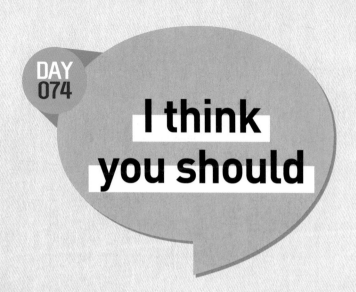

DAY 074

I think you should

DAY 71에서 학습한 조동사 had better와 달리 **You should**는 '~하는 게 좋겠어, ~해야 해'로 약한 권유나 강제성이 없는 충고입니다. 원어민들은 〈I think you should+동사원형〉으로 '(내 생각엔) ~하는 게 좋겠어'라고 많이 사용합니다.

 **STEP 1 문장 익히기**   10번 반복해서 큰 소리로 읽어보며 내 것으로 만듭니다.

✓ 10번 반복 체크! ① ② ③ ④ ⑤ ⑥ ⑦ ⑧ ⑨ ⑩

I think you should go.	너 가는 게 좋겠어.
I think you should apologize.	너 사과하는 게 좋겠어.
I think you should get some rest.	너 좀 쉬는 게 좋겠어.
I think you should slow down.	너 속도를 줄이는 게 좋겠어.
I think you should call a taxi.	너 택시를 부르는 게 좋겠어.
I think you should work out.	너 운동하는 게 좋겠어.
I think you should take some medicine.	너 약을 먹는 게 좋겠어.

3초 안에 영어로 말할 수 없다면 다시 STEP 1에서 연습합니다.

너 가는 게 좋겠어. 📢

너 사과하는 게 좋겠어. 📢

너 좀 쉬는 게 좋겠어. 📢

너 속도를 줄이는 게 좋겠어. 📢

너 택시를 부르는 게 좋겠어. 📢

너 운동하는 게 좋겠어. 📢

너 약을 먹는 게 좋겠어. 📢

STEP 3 실전 대화에서 연습하기 학습한 문장을 활용하여 실전 대화 연습을 합니다.

Emmy I don't feel good. I think I'm coming down with a cold.

John 너 약을 먹는 게 좋겠어. →
Go home and get some rest.

Emmy My boyfriend and I had an argument.
I think he is still angry.

John 너 사과하는 게 좋겠어. →

Emmy 나 컨디션이 안 좋아. 감기 오는 거 같아.

John 너 약을 먹는 게 좋겠어. → I think you should take some medicine.
집에 가서 좀 쉬어.

Emmy 나 남자친구랑 말다툼했어. 아직도 화가 난 거 같아.

John 너 사과하는 게 좋겠어. → I think you should apologize.

Emmy 선생님의 tip!

〈약을 먹다〉라는 의미로 동사 eat을 쓰는 실수를 많이 하는데요. eat은 음식을 먹을 때 쓰고, 약은 복용하는 것이니 take라는 동사를 사용하여 take medicine으로 표현해요.

take a painkiller   진통제를 먹다

물론 DAY 3에서 배운 I'm on(~하는 중입니다)을 응용해서 I'm on medication(나 약을 복용 중이에요)이라고 하는 것도 가능하겠죠?

I don't think you should

상대방에게 '(내 생각엔) ~하지 않는 게 좋겠어'라고 권유하는 경우 〈shouldn't+동사원형〉 외에 〈I don't think you should+동사원형〉을 사용하는 경우가 많습니다. 앞의 I don't think를 부정 형태로 만들고 you should는 긍정문으로 씁니다. 해석에 주의하세요!

 **STEP 1 문장 익히기**   10번 반복해서 큰 소리로 읽어보며 내 것으로 만듭니다.

✓ 10번 반복 체크! ☐1 ☐2 ☐3 ☐4 ☐5 ☐6 ☐7 ☐8 ☐9 ☐10

I don't think you should buy it.	너 그거 사지 않는 게 좋겠어.
I don't think you should drink.	너 술을 마시지 않는 게 좋겠어.
I don't think you should work too much.	너 일을 너무 많이 하지 않는 게 좋겠어.
I don't think you should skip a class.	너 수업을 빼먹지 않는 게 좋겠어.
I don't think you should go to bed late.	너 늦게 자지 않는 게 좋겠어.
I don't think you should waste money.	너 돈을 낭비하지 않는 게 좋겠어.
I don't think you should lift heavy things.	너 무거운 걸 들지 않는 게 좋겠어.

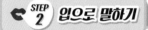

STEP 2 입으로 말하기

3초 안에 영어로 말할 수 없다면 다시 STEP 1에서 연습합니다.

너 그거 사지 않는 게 좋겠어.

너 술 마시지 않는 게 좋겠어.

너 일을 너무 많이 하지 않는 게 좋겠어.

너 수업을 빼먹지 않는 게 좋겠어.

너 늦게 자지 않는 게 좋겠어.

너 돈을 낭비하지 않는 게 좋겠어.

너 무거운 걸 들지 않는 게 좋겠어.

STEP 3 실전 대화에서 연습하기

학습한 문장을 활용하여 실전 대화 연습을 합니다.

Emmy I keep dozing off in class.
John 너 늦게 자지 않는 게 좋겠어. →

Emmy My back hurts all the time.
John 너 무거운 걸 들지 않는 게 좋겠어. →

Emmy 난 수업 시간에 계속 꾸벅꾸벅 졸아.
John 너 늦게 자지 않는 게 좋겠어. → I don't think you should go to bed late.

Emmy 내 허리는 항상 아파.
John 너 무거운 걸 들지 않는 게 좋겠어. → I don't think you should lift heavy things.

Emmy 선생님의 tip!

〈too〉는 감당할 수 없이 필요 이상으로 '너무, 지나치게'라는 부정적인 의미로 쓸 수 있어요.

I'm <u>too</u> full. 난 지나치게 배가 불러.
(기분이 안 좋거나 배가 아픈 상태)

It was <u>too</u> cold so we stayed in. 지나치게 추워서 우린 집에 있었어.

〈so〉 역시 '너무, 정말, 매우'라는 뜻인데 강조의 의미로 많이 쓰여요.

I'm <u>so</u> full. 나 아주 배불러. (기분 좋게 배부른 상태)
It was <u>so</u> cold but we went to the park. 너무 추웠지만 우리는 공원에 갔어.

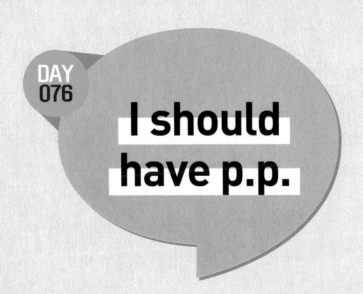

DAY 076

I should have p.p.

과거에 하지 못했던 일에 대해 아쉬움과 후회를 강하게 나타낼 때 '～했어야 했는데 (하지 못했다)'의 의미로 쓸 수 있습니다. **I should have p.p.**^{과거분사}로 씁니다.

 **STEP 1 문장 익히기**   10번 반복해서 큰 소리로 읽어보며 내 것으로 만듭니다.

✓ 10번 반복 체크! 1 2 3 4 5 6 7 8 9 10

I should have sold it.	난 그걸 팔았어야 했어.
I should have studied harder.	난 공부를 더 열심히 했어야 했어.
I should have taken a map.	난 지도를 가지고 왔어야 했어.
I should have been more careful.	난 더 조심했어야 했어.
I should have done it first.	난 그걸 먼저 끝냈어야 했어.
I should have kept the promise.	난 그 약속을 지켰어야 했어.
I should have brought my jacket.	난 내 재킷을 가져왔어야 했어.

3초 안에 영어로 말할 수 없다면 다시 STEP 1에서 연습합니다.

난 그걸 팔았어야 했어. 🔊   난 그걸 먼저 끝냈어야 했어. 🔊

난 공부를 더 열심히 했어야 했어. 🔊   난 그 약속을 지켰어야 했어. 🔊

난 지도를 가지고 왔어야 했어. 🔊   난 내 재킷을 가져왔어야 했어. 🔊

난 더 조심했어야 했어. 🔊

STEP 3 실전 대화에서 연습하기 학습한 문장을 활용하여 실전 대화 연습을 합니다.

Emmy I heard you failed the test. I'm sorry.
John 난 공부를 더 열심히 했어야 했어. →

Emmy It's getting cold.
John 난 내 재킷을 가져왔어야 했어. →

Emmy 듣기로는 너 시험에서 떨어졌다며, 안됐네.
John 난 공부를 더 열심히 했어야 했어. → I should have studied harder.

Emmy 점점 추워지는데.
John 난 내 재킷을 가져왔어야 했어. → I should have brought my jacket.

Emmy 신생님의 tip!

〈과거분사 past participle〉는 동사에서 모양이 바뀐 형태에요. 규칙은 동사에 -(e)d를 붙여야 하지만 불규칙인 be의 p.p. 형태는 been, do의 p.p. 형태는 done으로 약간의 암기가 필요해요. p.p.는 더 이상 동사가 아니라는 것도 잊지 마세요! 그러므로 문장에서 반드시 동사와 함께 사용해요. 참고로 불규칙 동사는 부록(290쪽)에서 확인할 수 있습니다.

DAY 077

I shouldn't have p.p.

shouldn't는 should not의 축약형입니다. 과거에 했던 일에 후회가 남는 아쉬움을 **I shouldn't have p.p.**^{과거분사}로 '~하지 말았어야 했어'라고 표현할 수 있습니다.

 **STEP 1 문장 익히기** 10번 반복해서 큰 소리로 읽어보며 내 것으로 만듭니다.

✓ 10번 반복 체크! ☐1 ☐2 ☐3 ☐4 ☐5 ☐6 ☐7 ☐8 ☐9 ☐10

I shouldn't have bought a car.	난 차를 사지 말았어야 했어.
I shouldn't have gone there.	난 거기 가지 말았어야 했어.
I shouldn't have eaten so much.	난 그렇게 많이 먹지 말았어야 했어.
I shouldn't have done that.	난 그거 하지 말았어야 했어.
I shouldn't have worn these shoes.	난 이 신발을 신지 말았어야 했어.
I shouldn't have said that.	난 그 말을 하지 말았어야 했어.
I shouldn't have given up.	난 포기하지 말았어야 했어.

난 차를 사지 말았어야 했어. 🔊

난 거기 가지 말았어야 했어. 🔊

난 그렇게 많이 먹지 말았어야 했어. 🔊

난 그거 하지 말았어야 했어. 🔊

난 이 신발을 신지 말았어야 했어. 🔊

난 그 말을 하지 말았어야 했어. 🔊

난 포기하지 말았어야 했어. 🔊

STEP 3 실전 **대화에서** 연습하기 학습한 문장을 활용하여 실전 대화 연습을 합니다.

Emmy Why don't we go on a trip this weekend?

John I can't. I'm feeling the pinch.
난 차를 사지 말았어야 했어. →

Emmy I love your new shoes. You look gorgeous.

John Thank you, but these are killing me.
난 이 신발을 신지 말았어야 했어. →

Emmy 이번 주말에 여행 가는 게 어떨까?

John 난 못 가. 돈에 쪼들려.
난 차를 사지 말았어야 했어. → I shouldn't have bought a car.

Emmy 네 새 신발 정말 마음에 들어. 너 정말 멋져 보여.

John 고마워, 근데 이 신발 때문에 발 아파 죽겠어.
난 이 신발을 신지 말았어야 했어. → I shouldn't have worn these shoes.

Emmy 선생님의 tip!

〈be killing me〉는 '~이 날 죽이고 있어'가 아니라 '~ 때문에 죽겠어'라는 의미로 쓸 수 있어요.

My headache is killing me. 나 머리가 아파 죽겠어.
This heat is killing me. 이 무더위 때문에 죽겠어.
Jet lag is killing me. 시차 적응 때문에 죽겠어.

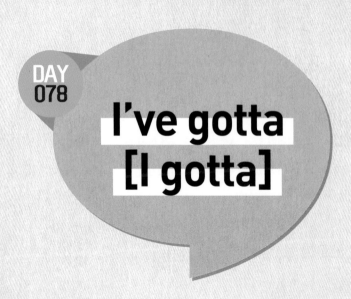

DAY 078

I've gotta [I gotta]

I have got to의 구어체로 원어민들이 일상생활에서 I have to를 더 강하게 말할 때 정말 많이 씁니다. 보통 have를 생략하고 〈I gotta+동사원형〉으로 줄여서 사용합니다. 단, 구어체로 글을 쓰거나 격식 있는 자리에서는 사용을 피해 주세요.

 **STEP 1 문장 익히기** 10번 반복해서 큰 소리로 읽어보며 내 것으로 만듭니다.

✓ 10번 반복 체크! 1 2 3 4 5 6 7 8 9 10

I gotta go.	나 가야만 해.
I gotta do the laundry.	나 빨래해야만 해.
I gotta work late.	나 야근해야만 해.
I gotta be there by 7.	나 7시까지 거기 도착해야만 해.
I gotta wear glasses.	나 안경 써야만 해.
I gotta get a new laptop.	나 새 노트북 사야만 해.
I gotta leave early.	나 일찍 떠나야만 해.

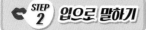

STEP 2 입으로 말하기

3초 안에 영어로 말할 수 없다면 다시 STEP 1에서 연습합니다.

나 가야만 해. 📢

나 빨래해야만 해. 📢

나 야근해야만 해. 📢

나 7시까지 거기 도착해야만 해. 📢

나 안경 써야만 해. 📢

나 새 노트북 사야만 해. 📢

나 일찍 떠나야만 해. 📢

STEP 3 실전 대화에서 연습하기

학습한 문장을 활용하여 실전 대화 연습을 합니다.

Emmy Hey, do you want to grab some beer tonight?
John I'd love to, but 나 야근해야만 해. →

Emmy Why do you have to get up early tomorrow?
John Because 나 7시까지 거기 도착해야만 해. →

Emmy 오늘 밤에 맥주 마실래?
John 나도 그러고 싶지만, 나 야근해야만 해. → I gotta work late.

Emmy 내일 왜 빨리 일어나야만 하는데?
John 왜냐하면, 나 7시까지 거기 도착해야만 해. → I gotta be there by 7.

Emmy 선생님의 tip!

〈wear〉는 '입다' 외에도 활용도가 높은 동사예요. 머리부터 발끝까지 몸에 닿는 모든 곳에 걸치는 건 wear라고 쓸 수 있어요.

wear glasses	안경을 쓰다
wear perfume	향수 뿌리다
wear make-up	화장하다
wear a watch	시계를 차다
wear earrings	귀걸이를 하다
wear socks	양말을 신다

DAY 079

You don't have to

have to의 부정 〈don't have to＋동사원형〉은 '~할 필요가 없다'라는 뜻입니다. 굳이 하지 않아도 되는 일이나 상대방이 부담을 느낄 때 '~하지 않아도 돼, 괜찮아'라고 사용합니다.

STEP 1 문장 익히기 10번 반복해서 큰 소리로 읽어보며 내 것으로 만듭니다.

✓ 10번 반복 체크! ① ② ③ ④ ⑤ ⑥ ⑦ ⑧ ⑨ ⑩

You don't have to pay.	돈 내지 않아도 돼.
You don't have to explain.	설명하지 않아도 돼.
You don't have to take a taxi.	택시 타지 않아도 돼.
You don't have to finish it.	다 먹지 않아도 돼.
You don't have to go with me.	나랑 같이 가지 않아도 돼.
You don't have to buy a ticket.	티켓 사지 않아도 돼.
You don't have to tell me everything.	나에게 모든 걸 이야기하지 않아도 돼.

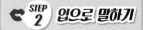
돈 내지 않아도 돼. 📢   나랑 같이 가지 않아도 돼. 📢

설명하지 않아도 돼. 📢   티켓 사지 않아도 돼. 📢

택시 타지 않아도 돼. 📢   나에게 모든 걸 이야기하지 않아도 돼. 📢

다 먹지 않아도 돼. 📢

STEP 3 실전 대화에서 연습하기   학습한 문장을 활용하여 실전 대화 연습을 합니다.

Emmy   돈 내지 않아도 돼. →   It's on me.

John   Thank you, but you don't have to.

Emmy   Should you get tickets for the concert?

John   티켓 사지 않아도 돼. →

It will be on a first come first serve basis.

Emmy   돈 내지 않아도 돼. → You don't have to pay. 내가 살게.

John   고마워, 그런데 그럴 필요 없어.

Emmy   우리 콘서트 티켓 사야 하니?

John   티켓 사지 않아도 돼. → You don't have to buy a ticket. 선착순일 거야.

Emmy 선생님의 tip!

⟨have to⟩는 must와 같은 뜻으로 '~해야만 한다'라고 강한 의무를 나타내요. ⟨must not⟩은 '~하면 절대 안 됩니다'로 다른 대안이 없는 강력한 금지이며, ⟨don't have to⟩는 불필요로 '~할 필요가 없다'인데요. 그래서 have to의 부정은 must not으로 쓰는 게 자연스러워요.

You <u>must</u> have a passport.   반드시 여권을 소지하셔야 합니다.
You <u>must</u> not take a picture here.   여기서 절대 사진을 찍으시면 안 됩니다.
You <u>have to</u> go now.   넌 지금 가야만 해.
You <u>must not</u> go.   넌 지금 가면 안 돼.
You <u>don't have to</u> go now.   넌 지금 갈 필요가 없어. 넌 지금 가지 않아도 돼.

DAY 080
It must

조동사 〈must＋동사원형〉은 '반드시 ～해야만 한다'로 강한 의무를 표현할 때 쓸 수 있습니다. 〈It must be＋형용사/명사〉는 강한 추측으로 95% 이상의 근거로 아주 강력하게 확신할 때 '～임이 틀림없어'보다 '～겠다, ～가 분명해'라고 해석하는 것이 더 자연스럽습니다. You must be happy를 '넌 행복함이 틀림없어' 보다는 '넌 좋겠다, 넌 행복하겠다'라고 해석합니다.

 **STEP 1 문장 익히기** 10번 반복해서 큰 소리로 읽어보며 내 것으로 만듭니다.

✓ 10번 반복 체크! ① ② ③ ④ ⑤ ⑥ ⑦ ⑧ ⑨ ⑩

It must be expensive.	비싼 게 분명해.
It must be fun.	재미있는 게 분명해.
It must be broken.	고장 난 게 분명해.
It must be a good movie.	좋은 영화인 게 분명해.
It must be difficult.	어려운 게 분명해.
It must be boring.	재미없는 게 분명해.
It must be Henry's.	헨리의 것인 게 분명해.

비싼 게 분명해. 　　　　어려운 게 분명해.

재미있는 게 분명해.　　　　재미없는 게 분명해.

고장 난 게 분명해.　　　　헨리의 것인 게 분명해.

좋은 영화인 게 분명해.

STEP 3 실전 대화에서 연습하기   학습한 문장을 활용하여 실전 대화 연습을 합니다.

Emmy   Jenny went to the movies last night and the movie put her to sleep.

John   재미없는 게 분명해. →

Emmy   Do you know whose coat it is?

John   헨리의 것인 게 분명해. →

I remember him wearing it.

Emmy   제니는 어제 극장 갔었는데 영화를 보다가 잠들었대.

John   재미없는 게 분명해. → It must be boring.

Emmy   이거 누구 코트인 줄 알아?

John   헨리의 것인 게 분명해. → It must be Henry's.

헨리가 입고 있었던 거 기억해.

Emmy 선생님의 tip!

〈~의 것〉을 표현할 때 사람이나 동물 명사에 's만 붙여주면 돼요. Emmy's '에미의 (것)' 이렇게 요. my dog's, Rick's처럼 쓰면 되죠.

단, -(e)s로 끝나는 복수일 때는 my friends', babies' 이렇게 마지막에 s를 생략하고 발음을 위해 '만 표시해요. children's처럼 s로 끝나지 않는 복수는 그냥 's를 붙이면 돼요!

DAY 081

It can't be

DAY 80에서 학습한 강한 추측 It must의 부정은 '~일 리가 없어'라고 해석합니다. 상대방이 추측한 의견을 정면으로 반박하여 부정하는 표현으로 〈It can't be+형용사/명사〉로 씁니다.

 **STEP 1 문장 익히기**   10번 반복해서 큰 소리로 읽어보며 내 것으로 만듭니다.

✓ 10번 반복 체크! ☐1 ☐2 ☐3 ☐4 ☐5 ☐6 ☐7 ☐8 ☐9 ☐10

It can't be true.	그게 사실일 리가 없어.
It can't be real.	그게 진짜일 리가 없어.
It can't be wrong.	그게 틀릴 리가 없어.
It can't be possible.	그게 가능할 리가 없어.
It can't be better.	그게 더 좋을 리가 없어.
It can't be that bad.	그게 그렇게 나쁠 리가 없어.
It can't be my sister.	그게 내 여동생일 리가 없어.

STEP 2 입으로 말하기

3초 안에 영어로 말할 수 없다면 다시 STEP 1에서 연습합니다.

그게 사실일 리가 없어. 🔊

그게 진짜일 리가 없어. 🔊

그게 틀릴 리가 없어. 🔊

그게 가능할 리가 없어. 🔊

그게 더 좋을 리가 없어. 🔊

그게 그렇게 나쁠 리가 없어. 🔊

그게 내 여동생일 리가 없어. 🔊

STEP 3 실전 대화에서 연습하기

학습한 문장을 활용하여 실전 대화 연습을 합니다.

Emmy	My boyfriend cheated on me.
John	No way! 그게 사실일 리가 없어. →
Emmy	Guess what? I saw your sister this morning.
John	그게 내 여동생일 리가 없어. → She is in London now.

Emmy	내 남자친구가 바람을 피웠어.
John	말도 안 돼! 그게 사실일 리가 없어. → It can't be true.
Emmy	그거 알아? 나 오늘 아침에 네 여동생 봤어.
John	그게 내 여동생일 리가 없어. → It can't be my sister. 지금 런던에 있거든.

Emmy 선생님의 tip!

변화무쌍한 〈that〉을 '저것'으로만 쓰기엔 너무 아쉽죠? that은 손에 닿지 않는 거리에 있는 사람이나 사물을 말할 때 '저기, 저것'을 가리키지만, 형용사나 부사 앞에서 강조하여 '그렇게, 그정도로'로 쓸 수 있어요.

Is she that pretty?
I don't have that much money.

그 애가 그렇게 예뻐?
나 그렇게나 많은 돈은 없어.

❶ 나 늦을지도 몰라.

❷ 나 유학 갈지도 몰라.

❸ 나라면 거기 가겠어.

❹ 나라면 그 애에게 데이트 신청하겠어.

❺ 너 사과하는 게 좋겠어.

❻ 너 택시를 부르는 게 좋겠어.

❼ 너 술을 마시지 않는 게 좋겠어.

❽ 너 수업을 빼먹지 않는 게 좋겠어.

❾ 난 공부를 더 열심히 했어야 했어.

❿ 난 더 조심했어야 했어.

☆ 이렇게 말하면 돼요!

❶ I might be late.
❷ I might go study abroad.
❸ I would go there.
❹ I would ask her out.
❺ I think you should apologize.
❻ I think you should call a taxi.
❼ I don't think you should drink.
❽ I don't think you should skip a class.
❾ I should have studied harder.
❿ I should have been more careful.

⑪ 난 차를 사지 말았어야 했어.

⑫ 난 포기하지 말았어야 했어.

⑬ 나 가야만 해.

⑭ 나 안경 써야만 해.

⑮ 돈 내지 않아도 돼.

⑯ 나랑 같이 가지 않아도 돼.

⑰ 비싼 게 분명해.

⑱ 어려운 게 분명해.

⑲ 그게 진짜일 리가 없어.

⑳ 그게 가능할 리가 없어.

☆ 이렇게 말하면 돼요!

⑪ I shouldn't have bought a car.
⑫ I shouldn't have given up.
⑬ I gotta go.
⑭ I gotta wear glasses.
⑮ You don't have to pay.

⑯ You don't have to go with me.
⑰ It must be expensive.
⑱ It must be difficult.
⑲ It can't be real.
⑳ It can't be possible.

Emmy What are you going to do tonight?
오늘 밤에 뭐 할 거야?

John I don't know. ❶ ------------------------------
몰라. 나 집에 있을지도 몰라.

Emmy Sorry, I'm late. My car broke down again.
죄송해요, 늦었네요. 제 차가 또 고장 났어요.

John That's too bad. ❷ ------------------------------
너무 안됐네. 나라면 새 차를 사겠어.

Emmy I don't feel good. I think I'm coming down with a cold.
나 컨디션이 안 좋아. 감기 오는 거 같아.

John ❸ ------------------------------
Go home and get some rest.
너 약을 먹는 게 좋겠어. 집에 가서 좀 쉬어.

Emmy I keep dozing off in class.
난 수업 시간에 계속 꾸벅꾸벅 졸아.

John ❹ ------------------------------
너 늦게 자지 않는 게 좋겠어.

Emmy It's getting cold.
점점 추워지는데.

John ❺ ------------------------------
난 내 재킷을 가져왔어야 했어.

☆ 이렇게 말하면 돼요!

❶ I might be home.
❷ I would buy a new car.
❸ I think you should take some medicine.
❹ I don't think you should go to bed late.
❺ I should have brought my jacket.

Emmy I love your new shoes. You look gorgeous.
네 새 신발 정말 마음에 들어. 너 정말 멋져 보여.

John Thank you, but these are killing me.
6 _____
고마워, 근데 이 신발 때문에 발 아파 죽겠어. 난 이 신발을 신지 말았어야 했어.

Emmy Hey, do you want to grab some beer tonight?
오늘 밤에 맥주 마실래?

John I'd love to, but **7** _____
나도 그렇고 싶지만, 나 야근해야만 돼.

Emmy Should we get tickets for the concert?
우리 콘서트 티켓 사야 하니?

John **8** _____
It will be on a first come first serve basis.
티켓 사지 않아도 돼. 선착순일 거야.

Emmy Jenny went to the movies last night and the movie put her to sleep.
제니는 어제 극장 갔었는데 영화를 보다가 잠들었대.

John **9** _____
재미없는 게 분명해.

Emmy My boyfriend cheated on me.
내 남자친구가 바람을 피웠어.

John No way! **10** _____
말도 안 돼! 그게 사실일 리가 없어.

☆ 이렇게 말하면 돼요!

6 I shouldn't have worn these shoes.
7 I gotta work late.
8 You don't have to buy a ticket.
9 It must be boring.
10 It can't be true.

UNIT 10
권유 · 명령문으로 말하기

DAY 082

Let's

Let us의 줄임말로 '우리 같이 ~하자'라고 상대방에게 권유나 제안을 할 때 쓸 수 있습니다. 〈Let's+동사원형〉으로 씁니다.

 **STEP 1 문장 익히기** 10번 반복해서 큰 소리로 읽어보며 내 것으로 만듭니다.

✓ 10번 반복 체크! ① ② ③ ④ ⑤ ⑥ ⑦ ⑧ ⑨ ⑩

Let's try.	한번 해 보자.
Let's eat out.	외식하자.
Let's order pizza.	피자 주문하자.
Let's split the bill.	나눠서 내자.
Let's hit the road.	출발하자.
Let's cut to the chase.	본론으로 바로 들어가자.
Let's call it a day.	오늘은 이걸로 마치자.

STEP 2 입으로 말하기

3초 안에 영어로 말할 수 없다면 다시 STEP 1에서 연습합니다.

한번 해 보자. 🔊

외식하자. 🔊

피자 주문하자. 🔊

나눠서 내자. 🔊

출발하자. 🔊

본론으로 바로 들어가자. 🔊

오늘은 이걸로 마치자. 🔊

STEP 3 실전 대화에서 연습하기

학습한 문장을 활용하여 실전 대화 연습을 합니다.

Emmy I'm kind of tired today. I don't feel like cooking.

John 피자 주문하자. →

Emmy 본론으로 바로 들어가자. →
I haven't got all day.

John Okay. I don't want you to be a presenter.

Emmy 나 오늘 좀 피곤해. 요리할 기분 아니야.

John 피자 주문하자. → Let's order pizza.

Emmy 본론으로 바로 들어가자. → Let's cut to the chase.
나 시간 많지 않아.

John 알겠어. 네가 발표 안 했으면 좋겠어.

Emmy 선생님의 tip!

〈우리 더치페이하자〉는 두 가지 표현으로 나눌 수 있는데요.
먼저 〈Let's go Dutch〉는 '각자 부담하자'라는 뜻이에요. 각자 먹은 것을 각자 계산하는 것이에요.
〈Let's split the bill〉은 '계산서를 나눠서 내자'인데요. split이 '나누다'라는 표현이고 전체 금액에서 나눠서 낸다는 의미가 있어요. 비슷한 표현으로는 Let's go fifty-fifty(반반씩 내자) 이렇게 할 수 있어요. 그럼 '제가 살게요'는? It's on me 또는 It's my treat이라고 말해요.

DAY 083

Let's not

Let's의 부정문은 '~을 함께 하지 말자'라고 제안할 때 사용합니다. 〈Let's not+동사원형〉잊지 마세요!

 **STEP 1 문장 익히기** 10번 반복해서 큰 소리로 읽어보며 내 것으로 만듭니다.

✓ 10번 반복 체크! ① ② ③ ④ ⑤ ⑥ ⑦ ⑧ ⑨ ⑩

Let's not wait.	기다리지 말자.
Let's not fight.	싸우지 말자.
Let's not be late.	늦지 말자.
Let's not go there.	거기 가지 말자.
Let's not waste time.	시간 낭비하지 말자.
Let's not split hairs.	그냥 좀 넘어가자. / 시시콜콜 따지지 말자.
Let's not jump the gun.	성급하게 결론 내리지 말자.

STEP 2 입으로 말하기 3초 안에 영어로 말할 수 없다면 다시 STEP 1에서 연습합니다.

기다리지 말자. 🔊   시간 낭비하지 말자. 🔊

싸우지 말자. 🔊   그냥 좀 넘어가자. / 시시콜콜 따지지 말자. 🔊

늦지 말자. 🔊   성급하게 결론 내리지 말자. 🔊

거기 가지 말자. 🔊

STEP 3 실전 대화에서 연습하기 학습한 문장을 활용하여 실전 대화 연습을 합니다.

Emmy You've got to be kidding. I don't believe this.
John 그냥 좀 넘어가자. →
      I don't want to talk about it.

Emmy I can't believe he would do that to Amy.
John 성급하게 결론 내리지 말자. →

Emmy 너 농담하는 거지? 믿을 수가 없어.
John 그냥 좀 넘어가자. → Let's not split hairs.
      그것에 대해 이야기하고 싶지 않아.

Emmy 그 애가 에이미에게 그런 짓을 하다니 믿을 수가 없어.
John 성급하게 결론 내리지 말자. → Let's not jump the gun.

Emmy 선생님의 tip!

〈Let's not split hairs〉의 split은 '나누다, 쪼개다'란 뜻인데, 직역하면 '머리카락을 쪼개다'에요. 머리카락을 하나하나 쪼개는 것은 힘든 일이죠? 그래서 split hairs는 '(사소한 것을) 일일이 따지다, 시시콜콜 신경 쓰다'라는 표현이에요. 이렇게 사소한 일에 까다롭게 구는 사람이 hairsplitter에요.

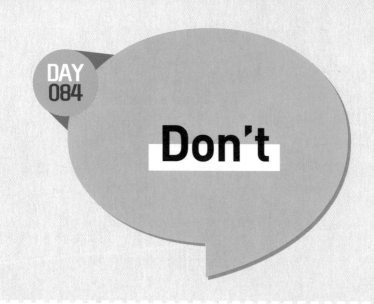

DAY 084

Don't

명령문 **Do not**의 축약형 **Don't**로 '~을 하지 마!'라고 표현할 수 있습니다.
〈Don't+동사원형〉으로 만들 수 있습니다.

STEP 1 문장 익히기 10번 반복해서 큰 소리로 읽어보며 내 것으로 만듭니다.

✓ 10번 반복 체크! 1 2 3 4 5 6 7 8 9 10

Don't panic.	당황하지 마.
Don't overreact.	오버하지 마. / 과민반응 보이지 마.
Don't give up.	포기하지 마.
Don't be shy.	부끄러워하지 마.
Don't get me wrong.	오해하지 마.
Don't let me down.	나 실망시키지 마.
Don't mention it.	천만에요.

당황하지 마. 🔊

오해하지 마. 🔊

오버하지 마. / 과민반응 보이지 마. 🔊

나 실망시키지 마. 🔊

포기하지 마. 🔊

천만에요. 🔊

부끄러워하지 마. 🔊

STEP 3 실전 대화에서 연습하기 학습한 문장을 활용하여 실전 대화 연습을 합니다.

Emmy 당황하지 마. → Everything is going to be alright.
John Are you sure? I don't buy it.
Emmy I'm totally screwed up.
John You can't just give up without a fight.
포기하지 마. →

Emmy 당황하지 마. → Don't panic. 모든 게 다 괜찮을 거야.
John 확실해? 난 못 믿겠어.
Emmy 나 완전 망했어.
John 그냥 그렇게 싸워보지도 않고 포기하면 어떡해.
포기하지 마. → Don't give up.

Emmy 선생님의 tip!

〈명령문〉은 주어 you가 생략된 형태로 동사가 맨 앞으로 나오는데요. '~해'라고 해석되지요.
Be quiet!(조용히 해!), Clean your room!(네 방 좀 청소해!) 이렇게요.
명령문은 무조건 명령하는 의미만 있는 건 아니에요. 여러분이 자주 쓰는 Have a good day!
(좋은 하루 보내세요!)처럼 상대방에게 무엇을 하기를 바랄 때도 쓸 수 있어요.
또한 부탁을 표현할 땐 please를 붙여서 Please give me that(그것 좀 주세요) 이렇게 부탁할
수 있어요.

DAY 085

Stop

명령문으로 〈Stop＋동사원형ing〉를 써서 '(지금 하고 있는 것)을 멈추다[그만하다]' 라고 표현합니다.

STEP 1 문장 익히기　10번 반복해서 큰 소리로 읽어보며 내 것으로 만듭니다.

✓ 10번 반복 체크!　1 2 3 4 5 6 7 8 9 10

Stop talking.	그만 말해.
Stop whining.	그만 칭얼대.
Stop complaining.	불평 그만해.
Stop texting me.	나한테 문자 좀 그만 보내.
Stop bothering me.	그만 좀 귀찮게 굴어.
Stop eating junk food.	정크 푸드 그만 먹어.
Stop being ridiculous.	멍청한 짓 그만해. / 이상하게 굴지 마.

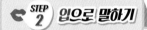

STEP 2 입으로 말하기   3초 안에 영어로 말할 수 없다면 다시 STEP 1에서 연습합니다.

그만 말해. 🔊   그만 좀 귀찮게 굴어. 🔊

그만 칭얼대. 🔊   정크 푸드 그만 먹어. 🔊

불평 그만해. 🔊   멍청한 짓 그만해. / 이상하게 굴지 마. 🔊

나한테 문자 좀 그만 보내. 🔊

STEP 3 실전 대화에서 연습하기   학습한 문장을 활용하여 실전 대화 연습을 합니다.

Emmy   Nothing is going right.
John   불평 그만해. →   Look at the bright side.

Emmy   그만 좀 귀찮게 굴어. →
     You're getting on my nerves.
John   Come on, you need to cool off a little bit. It's just for fun.

Emmy   되는 일이 하나도 없어.
John   불평 그만해. → Stop complaining. 좋은 쪽으로 생각해 봐.
Emmy   그만 좀 귀찮게 굴어. → Stop bothering me.
     너 내 신경 거슬리게 해.
John   에이, 너 조금 진정해야겠다. 그냥 재미로 한 거야.

Emmy 선생님의 tip!

⟨stop＋동사원형ing⟩는 '~하는 것을 멈추다[그만하다]'라고 사용되는데요.
⟨stop＋to동사원형⟩는 '~하기 위해 멈추다'라는 뜻으로 달라져요.

예를 들어, 이렇게 뜻이 달라지니 주의하세요!
I stopped drinking beer.   난 맥주 마시는 것을 끊었다.
I stopped to drink beer.   난 맥주를 마시기 위해 멈추어 섰다.

1 다음 문장을 3초 안에 바로 말해볼까요?

① 외식하자.

② 나눠서 내자.

③ 싸우지 말자.

④ 거기 가지 말자.

⑤ 당황하지 마.

⑥ 오해하지 마.

⑦ 그만 말해.

⑧ 나한테 문자 좀 그만 보내.

★ 이렇게 말하면 돼요!

① Let's eat out.
② Let's split the bill.
③ Let's not fight.
④ Let's not go there.
⑤ Don't panic.
⑥ Don't get me wrong.
⑦ Stop talking.
⑧ Stop texting me.

Emmy I'm kind of tired today. I don't feel like cooking.

나 오늘 좀 피곤해. 요리할 기분 아니야.

John ❶ -------------------------------

피자 주문하자.

Emmy You've got to be kidding. I don't believe this.

너 농담하는 거지? 믿을 수가 없어.

John ❷ -------------------------------

I don't want to talk about it.

그냥 좀 넘어가자. 그것에 대해 이야기하고 싶지 않아.

Emmy I'm totally screwed up.

나 완전 망했어.

John You can't just give up without a fight.

❸ -------------------------------

그냥 그렇게 싸워보지도 않고 포기하면 어떡해. 포기하지 마.

Emmy Nothing is going right.

되는 일이 하나도 없어.

John ❹ ----------------------- Look at the bright side.

불평 그만해. 좋은 쪽으로 생각해 봐.

☆ 이렇게 말하면 돼요!

❶ Let's order pizza.
❷ Let's not split hairs.
❸ Don't give up.
❹ Stop complaining.

UNIT 11

현재완료 시제로
말하기

DAY 086

I've p.p.

시제의 꽃인 현재완료 시제! 우리말에 없는 시제이기에 말하기가 쉽지 않지만, 단한가지! '과거에 일어난 일이 현재에 영향을 준다'만 기억하세요. 과거처럼 해석되기도 하지만 '(과거에) ~해 봤어, ~해 본 적 있어'라고 경험을 말하는 표현입니다. ⟨have+p.p.^{과거분사}⟩로 만들 수 있습니다.

 **STEP 1 문장 익히기** 10번 반복해서 큰 소리로 읽어보며 내 것으로 만듭니다.

✓ 10번 반복 체크! ① ② ③ ④ ⑤ ⑥ ⑦ ⑧ ⑨ ⑩

I've been to Paris.	난 파리에 가본 적 있어.
I've seen the movie.	나 그 영화 본 적 있어.
I've ridden a horse.	나 말 타본 적 있어.
I've read the book.	나 그 책 읽어 봤어.
I've eaten snails.	나 달팽이 먹어 봤어.
I've met him.	나 그를 만난 적이 있어.
I've broken my leg.	나 다리 부러져 본 적 있어.

난 파리에 가본 적 있어.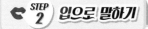

나 그 영화 본 적 있어.

나 말 타본 적 있어.

나 그 책 읽어 봤어.

나 달팽이 먹어 봤어.

나 그를 만난 적이 있어.

나 다리 부러져 본 적 있어.

STEP 3 실전 대화에서 연습하기 학습한 문장을 활용하여 실전 대화 연습을 합니다.

Emmy Do you know how to ride a horse?

John Yes, 나 말 타본 적 있어 → in Jeju.

Emmy Do you know Mike?

John Yes, 난 그를 만난 적이 있어. →

Emmy 너 말 어떻게 타는 줄 알아?

John 응, 제주도에서 나 말 타본 적 있어. → I've ridden a horse.

Emmy 너 마이크 알아?

John 응, 난 그를 만난 적이 있어. → I've met him.

Emmy 선생님의 tip!

현재완료 시제 〈have+p.p.〉

문장을 만들 때 가장 기본인 동사! 과거분사past participle는 동사가 모양이 변한 형태로 동사의 기능이 더 이상 없어요. 그래서 동사 have가 필요해요. 여기서 have는 '가지다'라는 뜻의 일반동사가 아닌 현재완료의 조동사이고, 해석하지 않고 의문문 또는 부정문을 직접 만들 수 있어요.

I've eaten lunch '난 점심을 먹었어(그래서 지금 배가 안 고파)'의 부정은 I haven't eaten lunch '난 점심 안 먹었어(그래서 지금 배가 고파)'에요. 현재완료는 과거에 일어난 일이 현재까지 영향을 미치는 것이 가장 중요한 포인트에요!

DAY 087

I've always wanted to

'난 (과거부터 지금까지) 항상 ~을 원해 왔어'라는 표현으로, 오랜 바램에 관해 쓸 수 있습니다. 〈I've always wanted to+동사원형〉으로 씁니다.

 **STEP 1 문장 익히기** 10번 반복해서 큰 소리로 읽어보며 내 것으로 만듭니다.

✓ 10번 반복 체크! ① ② ③ ④ ⑤ ⑥ ⑦ ⑧ ⑨ ⑩

I've always wanted to try it.	난 전부터 그걸 해 보고 싶었어.
I've always wanted to have a dog.	난 전부터 개를 키우고 싶었어.
I've always wanted to drive a car.	난 항상 차를 운전해보고 싶었어.
I've always wanted to be a pilot.	난 항상 조종사가 되고 싶었어.
I've always wanted to go there.	난 전부터 거기 가 보고 싶었어.
I've always wanted to tell you.	난 전부터 너에게 말하고 싶었어.
I've always wanted to be on TV.	난 항상 TV에 나오고 싶었어.

난 전부터 그걸 해 보고 싶었어. 📢   난 전부터 거기 가 보고 싶었어. 📢

난 전부터 개를 키우고 싶었어. 📢   난 전부터 너에게 말하고 싶었어. 📢

난 항상 차를 운전해보고 싶었어. 📢   난 항상 TV에 나오고 싶었어. 📢

난 항상 조종사가 되고 싶었어. 📢

STEP 3 실전 대화에서 연습하기 학습한 문장을 활용하여 실전 대화 연습을 합니다.

Emmy	Have you ever gone scuba diving?
John	난 전부터 그걸 해보고 싶었어. →
	I didn't have a chance to do it.
Emmy	난 항상 TV에 나오고 싶었어요. →
	I promise I won't let you down.
John	Do your best.

Emmy	너 스쿠버다이빙 해본 적 있어?
John	난 전부터 그걸 해보고 싶었어. → I've always wanted to try it.
	그것을 할 기회가 없었거든.
Emmy	난 항상 TV에 나오고 싶었어요. → I've always wanted to be on TV.
	제가 실망하게 하지 않을 거라고 약속해요.
John	최선을 다해봐요!

Emmy 선생님의 tip!

'난 강아지를 키워'는 〈have〉를 써서 I have a dog 이렇게 표현하면 돼요.
I had a cat when I was a child.   내가 어렸을 때 고양이를 길렀어.

〈raise〉는 '아이를 돌보다' 혹은 닭이나 소처럼 동물을 키울 때 사용 가능해요.
We used to raise goats.   우리는 염소를 키웠었어.

〈grow〉는 '(채소나 농작물을) 기르다[키우다]'로 We grow some tomatoes라고 쓸 수 있어요.
또한, I grew up in Busan에서 '난 부산에서 자랐어'로 사용됩니다.

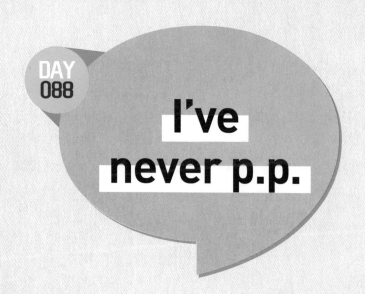

DAY 088

I've never p.p.

과거 경험에 대한 부정으로 '난 한 번도 ~해 본 적이 없어'라고 해석합니다. 단, never 는 그 자체로 '결코 ~않다'라는 부정 의미를 강조하므로 not과 함께 사용할 수 없다 는 것을 잊지 마세요.

STEP 1 문장 익히기 10번 반복해서 큰 소리로 읽어보며 내 것으로 만듭니다.

✓ 10번 반복 체크! ① ② ③ ④ ⑤ ⑥ ⑦ ⑧ ⑨ ⑩

I've never been to Italy.	난 이탈리아에 가본 적이 없어.
I've never tried this.	이거 해본 적이 없어. / 이거 먹어본 적이 없어.
I've never eaten Thai food.	난 태국 음식을 먹어본 적이 없어.
I've never seen a ghost.	난 귀신을 본 적이 없어.
I've never had the flu.	난 독감에 걸려본 적이 없어.
I've never gone on a cruise.	난 크루즈를 타본 적이 없어.
I've never met him before.	난 전에 그를 만나본 적이 없어.

난 이탈리아에 가본 적이 없어.

이거 해본 적이 없어. /

이거 먹어본 적이 없어.

난 태국 음식을 먹어본 적이 없어.

난 귀신을 본 적이 없어.

난 독감에 걸려본 적이 없어.

난 크루즈를 타본 적이 없어.

난 전에 그를 만나본 적이 없어.

STEP 3 실전 대화에서 연습하기   학습한 문장을 활용하여 실전 대화 연습을 합니다.

Emmy Have you ever met James?
John I've heard a lot about him,
but 난 전에 그를 만나본 적이 없어. →

Emmy I'm going to go on a cruise next week.
John I'm jealous. 난 크루즈를 타본 적이 없어. →

Emmy 제임스 만난 적 있어?
John 그에 대해서 이야기 많이 들어봤지만,
난 전에 그를 만나본 적이 없어. → I've never met him before.

Emmy 나 다음 주에 크루즈 여행 가.
John 부럽다. 난 크루즈를 타본 적이 없어. → I've never gone on a cruise.

Emmy 선생님의 tip!

⟨have been⟩과 ⟨have gone⟩의 차이는?
⟨been⟩은 완료의 의미로 '~에 갔다 온 적이 있다(경험)'이고, ⟨gone⟩은 '~에 갔다. ~로 떠났다(그래서 지금 여기 없다는 결과)'에요.

Where have you been?   너 어디 갔다 왔어? (다녀옴)
Where has Emmy gone?   에미 어디 갔어? (안 돌아옴)
Emmy has been to Rome.   에미는 로마에 갔다 온 적이 있어. (다녀온 경험)
Emmy has gone to New York.   에미는 뉴욕에 갔어.
(갔다가 아직 안 돌아와서 여기 없다는 결과)

DAY 089

Have you ever p.p. ~?

현재완료 의문문은 have를 문장 앞으로 보내어 만들 수 있어요. ever와 함께 **Have you ever p.p.**과거분사로 '~해 본 적 있나요?'라고 물어볼 수 있습니다.

STEP 1 문장 익히기 10번 반복해서 큰 소리로 읽어보며 내 것으로 만듭니다.

✓ 10번 반복 체크! ① ② ③ ④ ⑤ ⑥ ⑦ ⑧ ⑨ ⑩

Have you ever been to Australia?	호주에 가본 적 있어?
Have you ever been here before?	전에 여기 와본 적 있어?
Have you ever had food poisoning?	식중독 걸려본 적 있어?
Have you ever tried Mexican food?	멕시코 음식 먹어본 적 있어?
Have you ever traveled alone?	혼자 여행해본 적 있어?
Have you ever taken an English class?	영어 수업 들어본 적 있어?
Have you ever ridden that roller coaster?	저 롤러코스터 타본 적 있어?

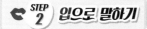

STEP 2 입으로 말하기

3초 안에 영어로 말할 수 없다면 다시 STEP 1에서 연습합니다.

호주에 가본 적 있어?

전에 여기 와본 적 있어?

식중독 걸려본 적 있어?

멕시코 음식 먹어본 적 있어?

혼자 여행해본 적 있어?

영어 수업 들어본 적 있어?

저 롤러코스터 타본 적 있어?

STEP 3 실전 대화에서 연습하기

학습한 문장을 활용하여 실전 대화 연습을 합니다.

Emmy 호주에 가본 적 있어? →

John No, I haven't but I would love to go someday.

Emmy 멕시코 음식 먹어본 적 있어? →

I've never tried it before. What do you recommend?

John How about the taco?

Emmy 호주에 가본 적 있어? → Have you ever been to Australia?
John 아니, 아직 없지만 언젠가 꼭 가 보고 싶어.

Emmy 멕시코 음식 먹어본 적 있어? → Have you ever tired Mexican food?
난 전에 먹어본 적 없어. 어떤 음식 추천해?
John 타코는 어때?

Emmy 선생님의 tip!

⟨have＋병명⟩으로 have food poising(식중독에 걸리다)이라고 쓸 수 있어요.

I have a headache.	나 머리가 아파.
I have a stomachache.	나 배가 아파. 참고 stomach 위
I have a fever.	나 열이나.
I have a cold.	나 감기에 걸렸어.
I have a runny nose.	나 콧물 나.
I have a sore throat.	나 목이 따가워.

How long have you p.p. ~?

〈How long＋현재완료〉는 과거부터 지금까지 '~한 지 얼마나 되었니?'라고 기간을 물어볼 수 있는데, 현재완료이기 때문에 과거에 시작된 일이 지금까지 연결되어야 한다는 것을 잊지 마세요.

 **STEP 1 문장 익히기**   10번 반복해서 큰 소리로 읽어보며 내 것으로 만듭니다.

✓ 10번 반복 체크! 1 2 3 4 5 6 7 8 9 10

How long have you been married?	결혼한 지 얼마나 되셨나요?
How long have you been in Korea?	한국에 오신지 얼마나 되셨나요?
How long have you studied English?	영어 공부한 지 얼마나 되셨나요?
How long have you worked here?	여기서 일한 지 얼마나 되셨나요?
How long have you worn glasses?	안경 쓴 지 얼마나 되셨나요?
How long have you known your best friend?	가장 친한 친구랑 알고 지낸 지 얼마나 되셨나요?
How long have you had your cellphone?	휴대폰 사신 지 얼마나 되셨나요?

3초 안에 영어로 말할 수 없다면 다시 STEP 1에서 연습합니다.

결혼한 지 얼마나 되셨나요? 🔊

안경 쓴 지 얼마나 되셨나요? 🔊

한국에 오신지 얼마나 되셨나요? 🔊

가장 친한 친구랑 알고 지낸 지
얼마나 되셨나요? 🔊

영어 공부한 지 얼마나 되셨나요? 🔊

여기서 일한 지 얼마나 되셨나요? 🔊

휴대폰 사신 지 얼마나 되셨나요? 🔊

STEP 3 실전 대화에서 연습하기

학습한 문장을 활용하여 실전 대화 연습을 합니다.

Emmy 가장 친한 친구랑 알고 지낸 지 얼마나 되셨나요? →
John I've known my best friend since high school.

Emmy 여기서 일한 지 얼마나 되셨나요? →
John I've worked here for 3 years.

Emmy 가장 친한 친구랑 알고 지낸 지 얼마나 되셨나요? → How long have you known your best friend?
John 고등학교 때부터 쭉 알고 지냈어요.

Emmy 여기서 일한 지 얼마나 되셨나요? → How long have you worked here?
John 여기서 일한 지 3년 되었어요.

Emmy 선생님의 tip!

과거부터 지금까지 계속되는 동작의 기간에 대답할 수 있는 표현은 〈since〉와 〈for〉입니다.

〈since〉는 '~부터 쭉'으로 시작점을 나타낼 수 있어요.
since last week, since three o'clock, since 2019

〈for〉는 '~동안'으로 구체적인 기간을 나타낼 수 있습니다.
for three hours, for four days, for five weeks, for six months, for a year,
for a long time

1 다음 문장을 3초 안에 바로 말해볼까요?

❶ 나 말 타본 적 있어.

❷ 난 파리에 가본 적 있어.

❸ 난 전부터 개를 키우고 싶었어.

❹ 난 전부터 거기 가 보고 싶었어.

❺ 난 이탈리아에 가본 적이 없어.

❻ 난 독감에 걸려본 적이 없어.

❼ 전에 여기 와본 적 있어?

❽ 영어 수업 들어본 적 있어?

❾ 결혼한 지 얼마나 되셨나요?

❿ 여기서 일한 지 얼마나 되셨나요?

☆ 이렇게 말하면 돼요!

❶ I've ridden a horse.
❷ I've been to Paris.
❸ I've always wanted to have a dog.
❹ I've always wanted to go there.
❺ I've never been to Italy.
❻ I've never had the flu.
❼ Have you ever been here before?
❽ Have you ever taken an English class?
❾ How long have you been married?
❿ How long have you worked here?

:: Emmy   **Do you know how to ride a horse?**
          너 말 어떻게 타는 줄 알아?

:: John   **Yes, ❶** _____ **in Jeju.**
          응, 제주도에서 나 말 타본 적 있어.

:: Emmy   **❷** _____
          I promise I won't let you down.
          난 항상 TV에 나오고 싶었어요. 제가 실망하게 하지 않을 거라고 약속해요.

:: John   **Do your best!**
          최선을 다해봐요!

:: Emmy   **I'm going to go on a cruise next week.**
          나 다음 주에 크루즈 여행 가.

:: John   **I'm jealous. ❸** _____
          부럽다. 난 크루즈를 타본 적이 없어.

:: Emmy   **❹** _____
          호주에 가본 적 있어?

:: John   **No, I haven't but I would love to go someday.**
          아니, 아직 없지만 언젠가 꼭 가 보고 싶어.

:: Emmy   **❺** _____
          가장 친한 친구랑 알고 지낸 지 얼마나 되셨나요?

:: John   **I've known my best friend since high school.**
          고등학교 때부터 쭉 알고 지냈어요.

⭐ **이렇게 말하면 돼요!**

❶ I've ridden a horse
❷ I've always wanted to be on TV.
❸ I've never gone on a cruise.
❹ Have you ever been to Australia?
❺ How long have you known your best friend?

UNIT 12
의문문으로
말하기

DAY 091

What is ~?

의문사는 구체적인 정보를 얻고 싶을 때 쓸 수 있습니다. Wh-의문문에 절대로 yes 혹은 no로 대답할 수 없습니다. 그중 **What is**는 무엇에 관해 물어볼 때 쓸 수 있습니다.

 **STEP 1 문장 익히기** 10번 반복해서 큰 소리로 읽어보며 내 것으로 만듭니다.

✓ 10번 반복 체크! ① ② ③ ④ ⑤ ⑥ ⑦ ⑧ ⑨ ⑩

What is your number?	너의 전화번호가 뭐야?
What is new?	무슨 새로운 일은 없니?
What is wrong?	뭐가 문제야?
What is it called?	그것을 뭐라고 부르지?
What is the hurry?	왜 그렇게 서둘러?
What is your favorite book?	가장 좋아하는 책이 뭐야?
What is your favorite food?	가장 좋아하는 음식이 뭐야?

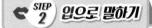

STEP 2 입으로 말하기 3초 안에 영어로 말할 수 없다면 다시 STEP 1에서 연습합니다.

너의 전화번호가 뭐야? 🔊   왜 그렇게 서둘러? 🔊

무슨 새로운 일은 없니? 🔊   가장 좋아하는 책이 뭐야? 🔊

뭐가 문제야? 🔊   가장 좋아하는 음식이 뭐야? 🔊

그것을 뭐라고 부르지? 🔊

STEP 3 실전 대화에서 연습하기 학습한 문장을 활용하여 실전 대화 연습을 합니다.

Emmy You look tired. Are you okay? 뭐가 문제야? →
John My room was a bit too hot, and I didn't get enough sleep last night.

Emmy It seems that you read a lot of books.
가장 좋아하는 책이 뭐야? →
John I really like *Harry Potter* by J. K. Rowling.

Emmy 피곤해 보이네. 괜찮아? 뭐가 문제야? → What is wrong?
John 내 방이 조금 더워서 어젯밤에 잠을 충분히 못 잤어.
Emmy 책을 많이 읽는 거 같네.
가장 좋아하는 책이 뭐야? → What is your favorite book?
John 난 J. K. 롤링의 '해리 포터'를 정말 좋아해.

Emmy 선생님의 tip!

〈What's new?〉는 상대방에게 안부를 묻는 말로 '뭐 새로운 일 없니? 별일 없니?'라는 뜻이에요. How are you? 보다 더 캐주얼하게 How's it going?, How's everything?, '잘 지내?, 요즘 어때?' 모두 안부를 물어볼 수 있는 질문이에요.
대답은 not much, nothing much(별일 없어)로 간단히 할 수 있어요.
How's it going?에는 보통 great, good, it's going well, it's all good(잘 지내)이라고 할 수 있는데요. so so(그저 그래)는 부정적인 뉘앙스라 잘 쓰지 않아요. 대신에 same as usual(항상 같아) 혹은 not bad, okay(그냥 그래)라고 말할 수 있어요.

DAY 092
What are you ~?

be동사의 의문문에 더 구체적으로 궁금한 게 있으면, 의문문 앞에 what과 같은 Wh-의문사를 붙여서 질문할 수 있습니다. 〈What are you+동사원형ing^{현재진행형}〉 또는 〈What are you+형용사[명사]〉로 씁니다.

 **STEP 1 문장 익히기**   10번 반복해서 큰 소리로 읽어보며 내 것으로 만듭니다.

✓ 10번 반복 체크! ① ② ③ ④ ⑤ ⑥ ⑦ ⑧ ⑨ ⑩

What are you doing?	너 뭐 하고 있어?
What are you craving?	넌 뭐가 당겨?
What are you up to tonight?	오늘 밤에 뭐 할 거야?
What are you afraid of?	넌 뭐가 두려워?
What are you good at?	넌 뭐를 잘해?
What are you interested in?	넌 뭐에 관심 있어?
What are you allergic to?	넌 무슨 알레르기가 있어?

3초 안에 영어로 말할 수 없다면 다시 STEP 1에서 연습합니다.

너 뭐 하고 있어? 🔊

넌 뭐를 잘 해? 🔊

넌 뭐가 당겨? 🔊

넌 뭐에 관심 있어? 🔊

오늘 밤에 뭐 할 거야? 🔊

넌 무슨 알레르기가 있어? 🔊

넌 뭐가 두려워? 🔊

STEP 3 실전 대화에서 연습하기

학습한 문장을 활용하여 실전 대화 연습을 합니다.

Emmy 오늘 밤에 뭐 할 거야? ➜
John I'm going to go to the movies with my friends, and you?

Emmy 넌 무슨 알레르기가 있어? ➜
John I'm allergic to pollen. I can't stop sneezing every spring.

Emmy 오늘 밤에 뭐 할 거야? ➜ What are you up to tonight?
John 나 친구들하고 영화 보러 갈 거야, 넌?

Emmy 넌 무슨 알레르기가 있어? ➜ What are you allergic to?
John 난 꽃가루 알레르기가 있어. 매년 봄만 되면 계속 재채기해.

Emmy 선생님의 tip!

〈crave〉는 '~을 간절히 원하다, 갈구하다'라는 뜻인데요. 〈I'm craving〉으로 '~'가 엄청 당긴다'라고 표현할 수 있어요.

I'm craving spicy food.   매운 게 당겨.
I've been craving something sweet.   단 게 계속 당겼어.

DAY 093

What do you ~?

일반동사의 의문문에 더 궁금한 게 있으면, 의문문 앞에 what과 같은 Wh-의문사를 붙여서 구체적으로 질문할 수 있습니다. 〈What do you+동사원형〉 이렇게 사용합니다.

 **STEP 1 문장 익히기** 10번 반복해서 큰 소리로 읽어보며 내 것으로 만듭니다.

✓ 10번 반복 체크! ① ② ③ ④ ⑤ ⑥ ⑦ ⑧ ⑨ ⑩

What do you do?	무슨 일 하세요?
What do you do for fun?	취미가 뭐예요?
What do you think?	네 생각은 어때?
What do you mean?	무슨 뜻이야?
What do you want to do?	넌 뭐하고 싶어?
What do you have for lunch?	넌 점심으로 뭐 먹어?
What do you like to do?	넌 뭐 하는 거 좋아해?

STEP 2 입으로 말하기

3초 안에 영어로 말할 수 없다면 다시 STEP 1에서 연습합니다.

무슨 일 하세요? 📢   년 뭐하고 싶어? 📢

취미가 뭐예요? 📢   년 점심으로 뭐 먹어? 📢

네 생각은 어때? 📢   년 뭐 하는 거 좋아해? 📢

무슨 뜻이야? 📢

STEP 3 실전 대화에서 연습하기

학습한 문장을 활용하여 실전 대화 연습을 합니다.

Emmy 년 뭐 하는 거 좋아해? →
John I like to watch baseball games. I'm a big fan of baseball.

Emmy 무슨 뜻이야? →
John Well, I'll explain it once more.

Emmy 년 뭐 하는 거 좋아해? → What do you like to do?
John 나 야구 경기 보는 거 좋아해. 난 야구 광팬이야.

Emmy 무슨 뜻이야? → What do you mean?
John 음, 내가 다시 한번 설명할게.

Emmy 선생님의 tip!

〈직업〉을 물어보는 What do you do for a living?에서 for a living(먹고 살기 위해서)을 생략하고 What do you do?라고 물어볼 수도 있어요. I'm a writer(전 작가예요)라고 대답할 수 있고, 직업 앞에는 꼭 관사 (a)n을 붙여주어야 해요.

회사원이라는 표현은 잘 안 쓰고, 보통 회사 이름이나 직종을 말해요.

〈work for+회사명〉
I work for Pagoda.   난 파고다에서 일해요.

〈work at+직종〉
I work at a publishing company.   전 출판 회사에서 일해요.

DAY 094

What kind of ~?

'종류'라는 뜻의 kind를 사용하여 〈What kind of+명사〉로 '어떤 종류의 ~?'라고 물어볼 때 쓸 수 있습니다. 간단히 '어떤 ~?'으로 해석합니다.

 **STEP 1 문장 익히기** 10번 반복해서 큰 소리로 읽어보며 내 것으로 만듭니다.

✓ 10번 반복 체크! 1 2 3 4 5 6 7 8 9 10

What kind of car do you have?	어떤 차를 가지고 있니?
What kind of work do you do?	어떤 일을 하니?
What kind of exercise do you do?	어떤 운동을 하니?
What kind of coffee do you want?	어떤 커피를 원하니?
What kind of soup do you have?	어떤 종류의 수프가 있나요?
What kind of movie do you like?	어떤 영화를 좋아하니?
What kind of weather do you like best?	어떤 날씨를 가장 좋아하니?

어떤 차를 가지고 있니? 🔊   어떤 종류의 수프가 있나요? 🔊

어떤 일을 하니? 🔊   어떤 영화를 좋아하니? 🔊

어떤 운동을 하니? 🔊   어떤 날씨를 가장 좋아하니? 🔊

어떤 커피를 원하니? 🔊

STEP 3 **실전 대화에서 연습하기** 학습한 문장을 활용하여 실전 대화 연습을 합니다.

Emmy 어떤 운동을 하니? →

John I do yoga at least twice a week. And I love to take long walks in the park.

Emmy 어떤 날씨를 가장 좋아하니? →

John I like cool and cold weather.

Emmy 어떤 운동을 하니? → What kind of exercise do you do?

John 난 일주일에 적어도 두 번은 요가를 해. 그리고 공원에서 오래 산책하는 걸 좋아해.

Emmy 어떤 날씨를 가장 좋아하니? → What kind of weather do you like best?

John 난 시원하고 추운 날씨를 좋아해.

> **Emmy 선생님의 tip!**
>
> 〈exercise〉는 장소와 관계없이 할 수 있는 모든 종류의 운동을 이야기해요.
> 〈work out〉 역시 '운동하다'로 쓰이는데, 특히 근육 운동처럼 헬스장에서 하는 운동을 이야기해요. 웨이트 운동처럼 건강이나 몸매를 위한 운동을 말해요.
>
> Many people exercise after work.   많은 사람이 퇴근 후에 운동합니다.
> Do you work out?   (몸매가 좋은 사람에게) 너 운동해?
> I work out in a gym three times a week. 난 일주일에 세 번 헬스장에서 운동해.

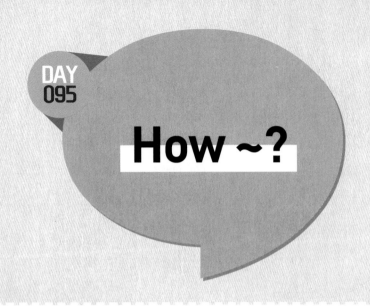

DAY
095

How ~?

현재의 상태를 물어볼 때 〈How+is〉로 '~ 어때?', 과거를 물어볼 때는 〈How+was〉로 '~는 어땠어?'라고 물어볼 수 있습니다.

 **STEP 1 문장 익히기**   10번 반복해서 큰 소리로 읽어보며 내 것으로 만듭니다.

✓ 10번 반복 체크! ☐1 ☐2 ☐3 ☐4 ☐5 ☐6 ☐7 ☐8 ☐9 ☐10

How's everything?	잘 지내? / 다 잘되고 있죠?
How's your family?	너희 가족은 잘 지내?
How's the weather?	날씨 어때?
How's your cold?	감기는 좀 어때?
How was your day?	오늘 하루 어땠어?
How was your vacation?	휴가는 어땠어?
How was your blind date?	소개팅은 어땠어?

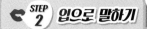

STEP 2 입으로 말하기 | 3초 안에 영어로 말할 수 없다면 다시 STEP 1에서 연습합니다.

잘 지내? / 다 잘되고 있죠? 🔊   오늘 하루 어땠어? 🔊

너희 가족은 잘 지내? 🔊   휴가는 어땠어? 🔊

날씨 어때? 🔊   소개팅은 어땠어? 🔊

감기는 좀 어때? 🔊

STEP 3 실전 대화에서 연습하기 | 학습한 문장을 활용하여 실전 대화 연습을 합니다.

Emmy 감기는 좀 어때? →
John I am much better now, thank you.

Emmy 휴가는 어땠어? →
John It was great! I went to Hawaii for a week. I really enjoyed it.

Emmy 감기는 좀 어때? → How's your cold?
John 나 지금은 훨씬 좋아졌어, 고마워.

Emmy 휴가는 어땠어? → How was your vacation?
John 정말 좋았어! 나 일주일 동안 하와이에 갔었어. 정말 즐겁게 지냈어.

Emmy 선생님의 tip!

〈How's ~?〉에 대한 답변으로 good(좋아), bad(나쁘다) 외에도 다양하게 대답 가능해요.

긍정적인 대답 terrific(아주 멋진), amazing(놀라운), wonderful(훌륭한)
애매한 대답 OK(괜찮은), not bad(나쁘지 않은), alright(괜찮은)
부정적인 대답 boring(지루한), tiring(피곤한), pretty bad(꽤 나쁜), terrible(끔찍한)

Q: How was your vacation?   휴가 어땠어?
A: It was terrific! 끝내줬어. It was OK. 그냥 그랬어. It was terrible. 끔찍했어.

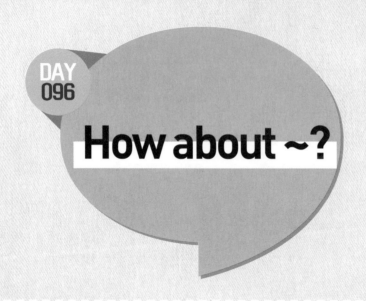

DAY 096

How about ~?

상대방에게 '~하면 어떨까?, ~는 어때?'의 의미로 권유나 제안할 때 유용한 표현입니다. 〈How about+명사〉 또는 〈How about+동사원형ing〉로 사용할 수 있습니다.

STEP 1 문장 익히기 　10번 반복해서 큰 소리로 읽어보며 내 것으로 만듭니다.

✓ 10번 반복 체크! 　1　2　3　4　5　6　7　8　9　10

How about you?	너는 어때?
How about dinner?	저녁 어때?
How about tonight?	오늘 밤은 어때?
How about a cup of coffee?	커피 한 잔 어때?
How about some sandwiches?	샌드위치는 어때?
How about drinking beer together?	함께 맥주 마시는 건 어때요?
How about going camping?	캠핑 가는 건 어때요?

너는 어때? 🔊

저녁 어때? 🔊

오늘 밤은 어때? 🔊

커피 한 잔 어때? 🔊

샌드위치는 어때? 🔊

함께 맥주 마시는 건 어때요? 🔊

캠핑 가는 건 어때요? 🔊

STEP 3 실전 대화에서 연습하기   학습한 문장을 활용하여 실전 대화 연습을 합니다.

Emmy   I love traveling. 너는 어때? →

John   Me too, I like to travel! I went to the Philippines last vacation.

Emmy   함께 맥주 마시는 건 어때요? →

John   I'd love to, but I already have plans. Maybe next time.

Emmy   나는 여행하는 것 정말 좋아해. 너는 어때? → How about you?

John   나도, 여행하는 것 좋아해! 지난 휴가 때 필리핀 다녀왔어.

Emmy   함께 맥주 마시는 건 어때요? → How about drinking beer together?

John   나 정말 그러고 싶은데, 이미 약속이 있어요. 다음에 마셔요.

Emmy 선생님의 tip!

〈How about〉과 〈What about〉은 둘 다 해석이 '어때?'이지만 뉘앙스가 조금 다릅니다.
〈How about?〉은 상대에게 제안하거나 긍정/부정의 대답을 물어볼 때 사용해요.
〈What about?〉은 구체적으로 상대의 생각을 물어볼 때 쓸 수 있어요.

A: I like baseball. <u>How about</u> you?   나 야구 좋아해. 너는 어때?
B: Me, too. I'm crazy about baseball.   나도. 야구 광팬이야.

A: I like baseball. <u>What about</u> you?   난 야구 좋아해. 너는 어때?
B: Well, I like soccer.   음, 난 축구를 좋아해.

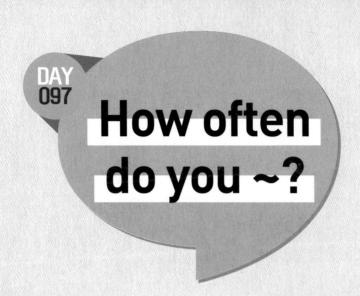

DAY 097
How often do you ~?

often은 '자주, 종종'의 뜻으로, 상대방에게 **'얼마나 자주 ~을 하니?'**라고 빈도를 물어볼 때 쓸 수 있습니다. 〈How often do you + 동사원형〉으로 씁니다.

 **STEP 1 문장 익히기** 10번 반복해서 큰 소리로 읽어보며 내 것으로 만듭니다.

✓ 10번 반복 체크! ① ② ③ ④ ⑤ ⑥ ⑦ ⑧ ⑨ ⑩

How often do you cook?	얼마나 자주 요리해?
How often do you drink?	얼마나 자주 술 마셔?
How often do you exercise?	얼마나 자주 운동해?
How often do you travel?	얼마나 자주 여행해?
How often do you get a haircut?	얼마나 자주 머리 잘라?
How often do you go grocery shopping?	얼마나 자주 장 보러 가?
How often do you order food delivery?	얼마나 자주 음식 배달시켜 먹어?

STEP 2 입으로 말하기
3초 안에 영어로 말할 수 없다면 다시 STEP 1에서 연습합니다.

얼마나 자주 요리해? 🔊

얼마나 자주 머리 잘라? 🔊

얼마나 자주 술 마셔? 🔊

얼마나 자주 장 보러 가? 🔊

얼마나 자주 운동해? 🔊

얼마나 자주 음식 배달시켜 먹어? 🔊

얼마나 자주 여행해? 🔊

STEP 3 실전 대화에서 연습하기
학습한 문장을 활용하여 실전 대화 연습을 합니다.

Emmy 얼마나 자주 요리해? →
John I rarely cook at home. I usually eat out.

Emmy 얼마나 자주 머리 잘라? →
John I get a haircut once a month.

Emmy 얼마나 자주 요리해? → How often do you cook?
John 난 집에서 거의 요리를 안 해. 보통 외식해.

Emmy 얼마나 자주 머리 잘라? → How often do you get a haircut?
John 한 달에 한 번 머리 잘라.

Emmy 선생님의 tip!

〈빈도〉에 대한 대답은 빈도 부사나 횟수 표현을 사용해요. 빈도 부사는 일반동사 앞, 조동사와 be동사 뒤에 사용해요.

I <u>never</u> drink coffee at night.　전 밤에 절대 커피를 마시지 않아요.
I'm <u>always</u> busy on Mondays.　전 월요일마다 항상 바빠요.

never	rarely*	sometimes	often	usually	always
0%	5%	30-50%	50-70%	85-95%	100%
결코	거의, 좀처럼	때때로, 가끔	종종	보통, 대개	항상

*rarely=seldom, hardly ever

횟수를 이야기할 때는 보통 문장 마지막에 〈횟수+a+기간〉으로 나타내요.
once a day 하루에 한 번, twice a week 일주일에 두 번, three times a month 한 달에 세 번, four times a year 일 년에 네 번, every other day 격일로, every weekend 주말마다

I go to the movies <u>once a month</u>.　난 한 달에 한 번 영화관에 가.
I take a vacation <u>twice a year</u>.　난 일 년에 두 번 휴가를 가.

Where ~?

DAY 098

의문사 **Where**는 위치를 물어볼 때 쓸 수 있습니다. 단, 영어는 숫자에 민감하므로 주어가 단수일 때는 〈Where+is〉, 복수일 때는 〈Where+are〉로 질문하는 것 잊지 마세요!

STEP 1 문장 익히기 10번 반복해서 큰 소리로 읽어보며 내 것으로 만듭니다.

✓ 10번 반복 체크! ① ② ③ ④ ⑤ ⑥ ⑦ ⑧ ⑨ ⑩

Where is my wallet?	내 지갑이 어디 있지?
Where is the toilet paper?	화장실 휴지가 어디 있지?
Where is a drug store?	약국이 어디 있지?
Where is the convenience store?	편의점이 어디 있지?
Where are we?	우리 어디야? / 여기가 어디야?
Where are the sunglasses?	선글라스가 어디 있지?
Where are the scissors?	가위가 어디 있지?

내 지갑이 어디 있지?

우리 어디야? / 여기가 어디야?

화장실 휴지가 어디 있지?

선글라스가 어디 있지?

약국이 어디 있지?

가위가 어디 있지?

편의점이 어디 있지?

STEP 3 실전 대화에서 연습하기   학습한 문장을 활용하여 실전 대화 연습을 합니다.

Emmy   What a mess! 화장실 휴지가 어디 있지? →
John   It's right there. It's in the shopping bag.

Emmy   Excuse me, 편의점이 어디 있어요? →
John   It's near the gas station.

Emmy   너무 지저분해! 화장실 휴지가 어디 있지? → Where is the toilet paper?
John   바로 거기 있잖아. 쇼핑백 안에 있어.

Emmy   저기요, 편의점이 어디 있어요? → where is the convenience store?
John   주유소 근처에 있어요.

> **Emmy 선생님의 tip!**
>
> 선글라스 한 개는 단수일까요, 복수일까요?
> 영어에서는 항상 복수로 이야기하는 단어들이 있어요. 다리가 두 개 혹은 쌍으로 되어 있다고 생각하면 간단해요.
>
> **glasses** 안경   **sunglasses** 선글라스   **shoes** 신발   **pants** 바지
> **scissors** 가위   **jeans** 청바지   **tweezers** 족집게   **pajamas** 잠옷
>
> 위의 단어들은 반드시 복수예요. '한 개', '두 벌' 등을 나타낼 때는 a pair of를 사용해요.
>
> I have a pair of sunglasses.   난 선글라스가 한 개 있어.
> I bought two pairs of pants.   난 바지 두 벌을 샀어.

DAY 099

When ~?

의문사 **when**은 '언제 ~야?'라고 날짜 혹은 시간을 물어볼 때 사용합니다. 요일, 월, 날짜를 말하는 방법은 부록(284쪽)을 참고하세요.

STEP 1 문장 익히기 10번 반복해서 큰 소리로 읽어보며 내 것으로 만듭니다.

✓ 10번 반복 체크! ☐1 ☐2 ☐3 ☐4 ☐5 ☐6 ☐7 ☐8 ☐9 ☐10

When is your birthday?	네 생일은 언제야?
When is the party?	파티가 언제야?
When is Chuseok?	추석이 언제야?
When is my turn?	내 차례는 언제야?
When is good for you?	넌 언제가 좋아?
When is the baby due?	출산 예정일이 언제야?
When is the movie coming out?	그 영화 언제 개봉하지?

STEP 2 입으로 말하기 3초 안에 영어로 말할 수 없다면 다시 STEP 1에서 연습합니다.

네 생일은 언제야? 🔊   넌 언제가 좋아? 🔊

파티가 언제야? 🔊   출산 예정일이 언제야? 🔊

추석이 언제야? 🔊   그 영화 언제 개봉하지? 🔊

내 차례는 언제야? 🔊

STEP 3 실전 대화에서 연습하기 학습한 문장을 활용하여 실전 대화 연습을 합니다.

Emmy 추석이 언제야? →
John It's on August fifteenth of the lunar calendar.

Emmy 출산 예정일이 언제야? →
John The baby's due in two weeks.

Emmy 추석이 언제야? → When is Chuseok?
John 음력 8월 15일이야.

Emmy 출산 예정일이 언제야? → When is the baby due?
John 2주 후에 아기가 태어나요.

Emmy 선생님의 tip!

〈날짜〉를 말할 때 한국은 년/월/일, 영국은 일/월/년, 미국은 월/일/년 순서로 써요.

2020년 10월 25일을 영어로 쓴다면,
(영국) 25.10.2020 또는 25.OCT.2020
(미국) 10.25.2020 또는 OCT.25.2020

참고 날짜는 서수이기 때문에 twenty five가 아닌 twenty fifth로 읽어야 해요.

The twenty fifth of October 혹은 October (the) twenty fifth

참고 연도는 두 자리씩 끊어서 nineteen eighty one (1981)

2000년대부터는 two thousand (2000) two thousand (and) ten 또는 twenty ten (2010)

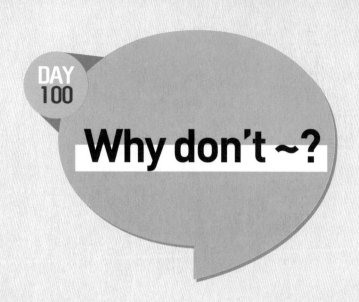

DAY 100

Why don't ~?

〈Why don't you + 동사원형〉을 사용하여 '너 ~하는 것이 어때?, ~하지 그래?'라는 의미로 상대방에게 권유, 제안이나 조언을 할 때 쓸 수 있습니다. 상황에 따라 이유를 물을 때도 씁니다. 〈Why don't we+동사원형〉으로 주어 we를 사용하여 '우리 ~하는 게 어때?'로 사용합니다.

 **STEP 1 문장 익히기** 10번 반복해서 큰 소리로 읽어보며 내 것으로 만듭니다.

✓ 10번 반복 체크! ① ② ③ ④ ⑤ ⑥ ⑦ ⑧ ⑨ ⑩

Why don't you study?	공부하지 그래?
Why don't you join us?	우리랑 함께하는 게 어때?
Why don't you dress up?	옷 좀 차려입는 게 어때?
Why don't you break up with him?	그 애와 헤어지는 게 어때?
Why don't we get together?	우리 만나서 노는 게 어때?
Why don't we order in?	우리 배달시켜 먹는 게 어때?
Why don't we bring some flowers?	우리 꽃 좀 가져가는 게 어때?

STEP 2 입으로 말하기   3초 안에 영어로 말할 수 없다면 다시 STEP 1에서 연습합니다.

공부하지 그래? 🔊   우리 만나서 노는 게 어때? 🔊

우리랑 함께하는 게 어때? 🔊   우리 배달시켜 먹는 게 어때? 🔊

옷 좀 차려입는 게 어때? 🔊   우리 꽃 좀 가져가는 게 어때? 🔊

그 애와 헤어지는 게 어때? 🔊

STEP 3 실전 대화에서 연습하기   학습한 문장을 활용하여 실전 대화 연습을 합니다.

Emmy   My boyfriend and I had a big argument again. He's so clingy!

John   그 애와 헤어지는 게 어때? →

Emmy   Are you busy tonight?

John   No, I'm free. 우리 만나서 노는 게 어때? →

Emmy   나 남자친구랑 또 크게 싸웠어. 집착이 너무 심해.

John   그 애와 헤어지는 게 어때? → Why don't you break up with him?

Emmy   너 오늘 밤 바빠?

John   아니, 한가해. 우리 만나서 노는 게 어때? → Why don't we get together?

Emmy 선생님의 tip!

〈dress〉는 원피스나 드레스뿐만 아니라 동사 '옷을 입다'로도 사용해요.
I'm getting <u>dressed</u> now.   나 옷 입고 있어.

〈dress up〉은 평소보다 '옷을 갖춰 입다'라는 표현이에요. 정장이나 드레스를 한껏 차려입었다고 생각하면 돼요. 반대로 dress down은 '캐주얼하게[편안하게] 입다'에요.

I have to <u>dress up</u> for work.   난 회사에 정장 입고 가야 해.
I love to <u>dress up</u> and go out for dinner.   난 잘 차려입고 저녁 먹으러 나가는 걸 아주 좋아해.

🔄 **1** 다음 문장을 3초 안에 바로 말해볼까요?

❶ 너의 전화번호가 뭐야?

❷ 가장 좋아하는 음식이 뭐야?

❸ 너 뭐 하고 있어?

❹ 넌 뭐를 잘해?

❺ 무슨 일 하세요?

❻ 넌 뭐하고 싶어?

❼ 어떤 차를 가지고 있니?

❽ 어떤 커피를 원하니?

❾ 너희 가족은 잘 지내?

❿ 오늘 하루 어땠어?

⭐ **이렇게 말하면 돼요!**

❶ What is your number?
❷ What is your favorite food?
❸ What are you doing?
❹ What are you good at?
❺ What do you do?

❻ What do you want to do?
❼ What kind of car do you have?
❽ What kind of coffee do you want?
❾ How's your family?
❿ How was your day?

⑪ 저녁 어때?

⑫ 캠핑 가는 건 어때요?

⑬ 얼마나 자주 요리해?

⑭ 얼마나 자주 장 보러 가?

⑮ 화장실 휴지가 어디 있지?

⑯ 선글라스가 어디 있지?

⑰ 네 생일은 언제야?

⑱ 내 차례는 언제야?

⑲ 옷 좀 차려입는 게 어때?

⑳ 우리 배달시켜 먹는 게 어때?

☆ 이렇게 말하면 돼요!

⑪ How about dinner?
⑫ How about going camping?
⑬ How often do you cook?
⑭ How often do you go grocery shopping?
⑮ Where is the toilet paper?

⑯ Where are the sunglasses?
⑰ When is your birthday?
⑱ When is my turn?
⑲ Why don't you dress up?
⑳ Why don't we order in?

Emmy It seems that you read a lot of books.

❶ _____

책을 많이 읽는 거 같네. 가장 좋아하는 책이 뭐야?

John I really like *Harry Potter* by J. K. Rowling.

난 J. K. 롤링의 '해리 포터'를 정말 좋아해.

Emmy **❷** _____

넌 무슨 알레르기가 있어?

John I'm allergic to pollen. I can't stop sneezing every spring.

난 꽃가루 알레르기가 있어. 매년 봄만 되면 계속 재채기해.

Emmy **❸** _____

무슨 뜻이야?

John Well, I'll explain it once more.

음, 내가 다시 한번 설명할게.

Emmy **❹** _____

어떤 운동을 하니?

John I do yoga at least twice a week.
And I love to take long walks in the park.

난 일주일에 적어도 두 번은 요가를 해. 그리고 공원에서 오래 산책하는 걸 좋아해.

Emmy **❺** _____

감기는 좀 어때?

John I am much better now, thank you.

나 지금은 훨씬 좋아졌어, 고마워.

☆ **이렇게 말하면 돼요!**

❶ What is your favorite book?
❷ What are you allergic to?
❸ What do you mean?
❹ What kind of exercise do you do?
❺ How's your cold?

Emmy ⑥ _____
함께 맥주 마시는 건 어때요?

John I'd love to, but I already have plans. Maybe next time.
나 정말 그러고 싶은데, 이미 약속이 있어요. 다음에 마셔요.

Emmy ⑦ _____
얼마나 자주 머리 잘라?

John I get a haircut once a month.
한 달에 한 번 머리 잘라.

Emmy Excuse me, ⑧ _____
저기요, 편의점이 어디 있어요?

John It's near the gas station.
주유소 근처에 있어요.

Emmy ⑨ _____
출산 예정일이 언제야?

John The baby's due in two weeks.
2주 후에 아기가 태어나요.

Emmy Are you busy tonight?
너 오늘 밤 바빠?

John No, I'm free. ⑩ _____
아니, 한가해. 우리 만나서 노는 거 어때?

⭐ 이렇게 말하면 돼요!

⑥ How about drinking beer together?
⑦ How often do you get a haircut?
⑧ where is the convenience store?
⑨ When is the baby due?
⑩ Why don't we get together?

•부록•

요일	Days
월	Months
날짜	Dates
숫자	Numbers
나라 이름과 국적	Countries and Nationalities
불규칙 동사	Irregular Verbs
축약형	Contractions

01 요일 Days

요일 앞에는 전치사 'on'을 붙입니다.

- I go to church on Sundays. 나는 일요일에[마다] 교회에 간다.

일요일	Sunday	목요일	Thursday
월요일	Monday	금요일	Friday
화요일	Tuesday	토요일	Saturday
수요일	Wednesday		

02 월 Months

월 앞에는 전치사 'in'을 붙입니다.

- The new school year starts in March. 새 학년은 3월에 시작된다.

1월	January	7월	July
2월	February	8월	August
3월	March	9월	September
4월	April	10월	October
5월	May	11월	November
6월	June	12월	December

03 날짜 Dates

날짜에 대해 말할 때는 '월+(the)+서수', 또는 'the+서수+of+월'과 같이 말합니다.

- **What's the date today?** 오늘이 며칠이지?

    It's January (the) first / the first of January. 1월 1일이야.

    It's November (the) seventeenth / the seventeenth of November.
    11월 17일이야.

1일	first	1st	17일	seventeenth	17th
2일	second	2nd	18일	eighteenth	18th
3일	third	3rd	19일	nineteenth	19th
4일	fourth	4th	20일	twentieth	20th
5일	fifth	5th	21일	twenty-first	21st
6일	sixth	6th	22일	twenty-second	22nd
7일	seventh	7th	23일	twenty-third	23rd
8일	eighth	8th	24일	twenty-fourth	24th
9일	ninth	9th	25일	twenty-fifth	25th
10일	tenth	10th	26일	twenty-sixth	26th
11일	eleventh	11th	27일	twenty-seventh	27th
12일	twelfth	12th	28일	twenty-eighth	28th
13일	thirteenth	13th	29일	twenty-ninth	29th
14일	fourteenth	14th	30일	thirtieth	30th
15일	fifteenth	15th	31일	thirty-first	31st
16일	sixteenth	16th			

04 숫자 Numbers

숫자를 셀 때는 다음과 같이 읽습니다.

- 125   one hundred twenty five
  (구어체로는 one twenty five라고도 합니다.)
- 3,500   three thousand five hundred
  (구어체로는 thirty five hundred라고도 합니다.)
- 20,000   twenty thousand
- 300,000   three hundred thousand
- 909,000   nine hundred nine thousand
- 1,234,567   one million, two hundred thirty four thousand, five hundred and sixty seven
- 12,500,000,000   twelve billion, five hundred million

1	one	11	eleven
2	two	12	twelve
3	three	13	thirteen
4	four	14	fourteen
5	five	15	fifteen
6	six	16	sixteen
7	seven	17	seventeen
8	eight	18	eighteen
9	nine	19	nineteen
10	ten		

20	twenty	30	thirty
21	twenty-one	40	forty
22	twenty-two	50	fifty
23	twenty-three	60	sixty
24	twenty-four	70	seventy
25	twenty-five	80	eighty
26	twenty-six	90	ninety
27	twenty-seven		
28	twenty-eight		
29	twenty-nine		

100	one hundred
1,000	one thousand
10,000	ten thousand
100,000	one hundred thousand
1,000,000	one million
10,000,000	ten million
100,000,000	one hundred million
1,000,000,000	one billion

05 나라 이름과 국적 Countries and Nationalities

Country 나라 이름	Nationality 국적
Argentina	Argentinean
Australia	Australian
Brazil	Brazilian
The USA/The US	American
Canada	Canadian
Chile	Chilean
Egypt	Egyptian
Cuba	Cuban
Germany	German
India	Indian
Italy	Italian
Mexico	Mexican
South Africa	South African
Korea	Korean
Russia	Russian
Iran	Iranian
Belgium	Belgian
Ireland	Irish

Country 나라 이름	Nationality 국적
Scotland	Scottish
The UK/Great Britain	British
Turkey	Turkish
Sweden	Swedish
Spain	Spanish
Denmark	Danish
The Netherlands	Dutch
The Philippines	Filipino
France	French
Greece	Greek
Iraq	Iraqi
New Zealand	New Zealander
Switzerland	Swiss
Thailand	Thai
Vietnam	Vietnamese
China	Chinese
Portugal	Portuguese
Japan	Japanese

06 불규칙 동사 Irregular Verbs

원형 Infinitive	과거형 Simple Past	과거분사 Past Participle
be	was/were	been
become	became	become
begin	began	begun
bite	bit	bitten
blow	blew	blown
break	broke	broken
bring	brought	brought
build	built	built
buy	bought	bought
catch	caught	caught
choose	chose	chosen
come	came	come
cost	cost	cost
cut	cut	cut
do	did	done
draw	drew	drawn
drink	drank	drunk
drive	drove	driven
eat	ate	eaten
fall	fell	fallen

원형 Infinitive	과거형 Simple Past	과거분사 Past Participle
feel	felt	felt
feed	fed	fed
fight	fought	fought
find	found	found
fly	flew	flown
forget	forgot	forgotten/forgot
freeze	froze	frozen
get	got	gotten/got
give	gave	given
go	went	gone
grow	grew	grown
hang	hung	hung
have	had	had
hear	heard	heard
hide	hid	hidden
hit	hit	hit
hold	held	held
hurt	hurt	hurt
know	knew	known
leave	left	left

원형 Infinitive	과거형 Simple Past	과거분사 Past Participle
lend	lent	lent
let	let	let
lie	lay	lain
lose	lost	lost
make	made	made
mean	meant	meant
meet	met	met
pay	paid	paid
put	put	put
quit	quit	quit
read	read	read
ride	rode	ridden
ring	rang	rung
run	ran	run
say	said	said
see	saw	seen
sell	sold	sold
send	sent	sent
show	showed	shown
shut	shut	shut

원형 Infinitive	과거형 Simple Past	과거분사 Past Participle
sing	sang	sung
sit	sat	sat
sleep	slept	slept
speak	spoke	spoken
spend	spent	spent
stand	stood	stood
steal	stole	stolen
swim	swam	swum
take	took	taken
teach	taught	taught
tear	tore	torn
tell	told	told
think	thought	thought
throw	threw	thrown
understand	understood	understood
wake	woke	woken
wear	wore	worn
win	won	won
write	wrote	written

07 축약형 Contractions

Affirmative Contractions 긍정형			
I am → I'm		I have → I've	
you are → you're		you have → you've	
we are → we're		we have → we've	
they are → they're		they have → they've	
she is → she's		she has → she's	
he is → he's		he has → he's	
it is → it's		it has → it's	
I would → I'd		I had → I'd	
you would → you'd		you had → you'd	
I will → I'll			
you will → you'll			

Negative Contractions 부정형			
are not → aren't		have not → haven't	
is not → isn't		has not → hasn't	
were not → weren't		had not → hadn't	
was not → wasn't			
do not → don't		will not → won't	
does not → doesn't		would not → wouldn't	
did not → didn't		should not → shouldn't	
cannot → can't		might not → mightn't	
could not → couldn't		must not → mustn't	

다음은 영어에서 자주 쓰이는 연음 발음을 소리 나는 대로 표기한 구어체의 축약형입니다. 원어민들이 일상적으로 사용하는 축약형이니 잘 익혀두면 좋겠죠? 단, 격식 있는 자리에서 말할 때나 친구와 주고받는 가벼운 문자 메시지 등이 아닌 공식적인 자리나 글쓰기에서는 쓰지 않습니다.

- **gonna = going to**　　　　　　　　　～할 거야

  I'm gonna go to the movies this Friday.　이번 주 금요일에 극장에 갈 거야.

- **wanna = want to**　　　　　　　　～를 원해요

  I wanna travel.　　　　　　　　　나 여행 가고 싶어.

- **gotta = got to, have got to (= have to)**　～해야만 한다

  I gotta go.　　　　　　　　　　나 가야만 해.

- **hafta = have to**　　　　　　　　～해야 한다, ～할 필요가 있다

  I hafta study English.　　　　　　난 영어 공부해야만 해.

- **lemme = let me**　　　　　　　　내가 ～할게

  Lemme do it.　　　　　　　　　내가 할게. / 내가 하게 해줘.

- **gimme = give me**

  Gimme some coffee, please.

  나에게 ~를 줘

  커피 좀 주세요.

- **dunno = don't know**

  I dunno who you are.

  몰라

  난 네가 누구인지 몰라.

- **outta = out of**

  I am running outta money.

  더 이상 없는

  나 지금 돈 없어.

- **kinda = kind of**

  I'm kinda hungry.

  약간의, 어떤 종류의

  나 좀 배고파.

- **Ima = I am a, I am going to**

  Ima go camping.

  Ima good person.

  나는 ~야, 나 ~해

  나 캠핑 가.

  난 좋은 사람이야.